日本

nihon [n^{j}ihoɴ]: JAPÓN

COCINA JAPONESA

Recetas para cada día

STEVAN PAUL

COCINA JAPONESA

Recetas para cada día

Traducción de Paula Aguiriano Aizpurua

Fotografía de Andrea Thode

Estilismo de Meike Graf

Diseño de Gesa Sander

Grijalbo

Índice

Prólogo

La gastronomía japonesa es una cocina energética, ligera y sana, una delicia aromática y variada libre de culpa. Puede ser refrescante y reconfortante, con ensaladas crujientes y coloridas verduras, cuencos de sopa humeante, arroz, salsas especiadas, pescado fresco y delicadas brochetas a la parrilla. Una cocina del bienestar, auténtico alimento para el alma, pura energía.

Se trata de una cocina atemporal muy apropiada para nuestra época, ya que en Japón se cultivan desde hace ya un par de siglos las virtudes culinarias que tanto hemos tardado nosotros en descubrir y adoptar: una cocina de producto regional y de temporada con los mejores ingredientes naturales, platos vegetales variados, el maravilloso efecto reconfortante de las sopas y los caldos caseros, los fragantes fideos ramen. Productos crudos, en cocciones cortas o fermentados, una gastronomía que obtiene su sabor a partir de hierbas frescas, pastas miso de gusto intenso, salsa de soja y el picor agradable del jengibre, un dulzor afrutado y una delicada acidez. Su filosofía se basa en la sostenibilidad y el esmero, desde el campo hasta la cocina, desde la preparación hasta la elegante presentación de los platos, tanto para invitados como para uno mismo.

Como cocinero profesional, la gastronomía japonesa me fascina desde los años noventa. Entré en contacto por primera vez con su filosofía, sus técnicas y sus recetas durante el apogeo de lo que se conoció como cocina euroasiática en Alemania. Un viaje a Tokio despertó de nuevo mi amor por la cultura culinaria del país. En esa ciudad con millones de habitantes conocí todas las escuelas y las variaciones de la cocina japonesa, visité y observé a sus maestros mientras cocinaban, disfruté de la comida reconfortante de sus bares de ramen e izakayas, redescubrí el sushi y la tempura, probé la alta cocina del país, viví la experiencia de un opulento menú kaiseki-ryori, y visité como invitado muchas cocinas, mercados e inmensas secciones de alimentación.

En Tokio creció también mi deseo de escribir un libro sobre la cocina japonesa, una idea que en un primer momento rechacé. ¿Cómo acercarme a una cultura culinaria tan rica y filosófica desde la perspectiva de un «extraño», de un visitante de una civilización distinta? A pesar de ser un cocinero experimentado y autor de libros de recetas, ¿cómo abordar la cocina tradicional japonesa, llamada *washoku*, que desde 2013 es Patrimonio de la Humanidad, un honor que hasta entonces solo había sido concedido a la cocina francesa? Cuando regresé, yo mismo me di la respuesta: con ganas de aprender, respeto y audacia.

Mi objetivo era escribir un libro de cocina japonesa para el hogar que demostrara que con las instrucciones adecuadas, estos platos son sencillos, factibles y sorprendentemente rápidos. Por lo tanto, comencé a trabajar en este libro investigando a fondo. Leí pilas de literatura sobre la gastronomía japonesa, pasé semanas enteras en mi cocina de pruebas, volví a ser un estudiante de cocina y me uní así a la sabia tradición japonesa del «aprendizaje constante». Todo esto me llevó a descubrir, probar y desarrollar para este libro los básicos de la cocina japonesa, que también pueden elaborarse en casa.

Todas las recetas seducen por su sencillez, y tampoco es necesario comprar miles de ingredientes difíciles de encontrar. Todo lo que necesitas para preparar cocina japonesa en casa lo encontrarás en el mercado, en el supermercado más cercano, en una tienda de productos asiáticos o en internet. Además, todas las recetas incluyen alternativas más sencillas para el día a día. También se explica cómo preparar uno mismo muchos productos sin necesidad de comprarlos.

En uno de los capítulos se describen ingredientes al detalle y se ofrecen alternativas; varios relatos de viajes y capítulos informativos recogen el trasfondo y la filosofía de los distintos pilares de la gastronomía japonesa. La parte central del libro son naturalmente las recetas, que he desarrollado y cocinado con cariño para este libro; la estilista Meike Graf las ha puesto en escena de forma auténtica y con todo detalle y el fotógrafo Andrea Thode, un artista de la luz, las ha inmortalizado en preciosas fotografías.

Todas las recetas, si no se indica lo contrario, están calculadas para 3-6 personas, ya que en Japón muchas veces se sirven varios platos pequeños juntos. Para las recetas señaladas ( ) me he inspirado en la cocina japonesa, he probado variaciones e ideas propias y las he incluido. Todas las variantes están marcadas con la abreviatura «VA» en el índice alfabético. ¡Manos a la obra! A partir de ahora también comerás en casa sopas ramen, caldos miso, sushi, sashimi, teriyaki, bento, tempura y dulces de té matcha. Ochenta recetas de cocina japonesa explicadas paso a paso, de las cuales la mayoría sorprenden por su rapidez, pero todas garantizan satisfacción, energía y bienestar. Perfectas para cualquier día y cualquier ocasión.

Stevan Paul

Ingredientes

Y ALTERNATIVAS CASERAS A PRODUCTOS JAPONESES

Todas las recetas de este libro pueden prepararse sin necesidad de compras complicadas o visitas a tiendas especializadas. Sin embargo, sí hay un par de ingredientes indispensables para elaborar platos japoneses en casa con buenos resultados. La mayoría de estos productos se encuentran ya sin problemas en los supermercados, en los comercios ecológicos, en las herboristerías, en las tiendas asiáticas o en internet.
A continuación te presento una lista de ingredientes tradicionales, pero también explico cómo pueden elaborarse en casa o sustituirse por otros productos.

ACEITE DE SÉSAMO ya puede conseguirse fácilmente, aunque la calidad varía mucho. Yo solo utilizo pequeñas cantidades de este aceite de aroma intenso. **En lugar de aceite de sésamo** puedes utilizar aceite de nueces, de lino o de colza prensado en frío.

DASHI es el elixir mágico de la cocina japonesa (receta en p. 21). Este caldo a partir de alga kombu y virutas de bonito seco (katsuobushi) aporta el efecto umami a muchos platos y recetas. En la página 21 encontrarás **consejos para prepararlo y también una alternativa** sin alga kombu ni virutas de bonito. Y cuando tengas mucha prisa, sustituye el dashi por un caldo muy intenso, así al menos se mantendrán las proporciones.

FIDEOS SHIRATAKI se elaboran con harina de raíz de konjac, su composición es mayormente agua y no contienen grasa ni gluten. Merece la pena cocinar con estos fideos aunque no se siga una dieta baja en hidratos de carbono, ya que su textura es muy agradable y absorben muy bien las salsas. Pueden **sustituirse** por fideos celofán.

FIDEOS SOBA son fideos de trigo sarraceno que se presentan en distintos tonos, desde un color claro hasta el marrón oscuro. Suelen venderse en porciones atadas con una tira de papel que se corresponden con una ración (100 g). A la hora de **sustituirlos**, he obtenido buenos resultados con espaguetis finos integrales. De todos modos es preferible utilizar los originales, que ya se encuentran sin problemas en muchos supermercados ecológicos, herboristerías y tiendas asiáticas.

FIDEOS SOMEN son fideos finos de harina de trigo que pueden **sustituirse** por *spaghettini* u otra pasta fina. De todos modos suele ser fácil encontrarlos en las tiendas asiáticas.

FIDEOS UDON se elaboran con harina de trigo, sal y agua. Tradicionalmente se preparan con agua de mar, y la pasta se amasa con agua caliente y una gran cantidad de sal durante mucho tiempo hasta conseguir una masa elástica. Después se cuecen sin añadir sal. Se venden secos o precocidos y envasados al vacío. Una forma fácil de **sustituirlos**, solo en cuanto a la forma, son los *fettucine* italianos.

GOMASIO es un condimento de sésamo tostado y molido con sal. El gomasio que se vende en las tiendas suele contener glutamato. **Hazlo tú mismo**: tostar el sésamo en una sartén sin aceite hasta que esté dorado, dejar que se enfríe y molerlo en el mortero con sal marina en una proporción de 7:1. Conservar en un bote de cristal. Es delicioso prácticamente con todo, ¡prueba a condimentar con él un huevo frito!

KATSUOBUSHI son virutas ahumadas, secas y fermentadas de bonito, un pescado de la familia de la caballa y el atún. Los durísimos pedazos de pescado se desmenuzan en delicadas virutas con un cepillo especial. Los copos de bonito (hana-katsuo) se utilizan para elaborar el dashi, para sazonar salsas y platos, y para decorar. No existe un sustituto real, así que cuando lo encuentres, ¡haz acopio!

MAYONESA KEWPIE es la marca de mayonesa preferida en Japón. Esta salsa con un adorable bebé en el envase se elabora con una base de yema de huevo, se condimenta con vinagre de arroz y no contiene azúcar, pero sí un toque de glutamato, que realza los sabores. La mayonesa casera puede ser una **alternativa** a este producto. Todos los ingredientes deben estar a temperatura ambiente: mezclar con la batidora de vaso 1 yema de huevo ecológico con 1 cucharada de mostaza picante, 1 cucharada de vinagre de vino blanco y una pizca de sal. Añadir 150–200 ml de aceite vegetal, primero a gotas y después en un chorro fino mientras se sigue batiendo. Salar, enfriar y utilizar siempre ese mismo día.

MIRIN es un vino para cocinar elaborado a partir de arroz fermentado u otros cereales, a los que se añade azúcar y shochu, un aguardiente japonés. El mirin contiene hasta un 45 % de azúcar y por eso se utiliza sobre todo en dulces y para redondear platos. Tres cucharaditas de mirin equivalen más o menos a 1 cucharadita de azúcar. De modo que, **en lugar de utilizar mirin**, puedes completar las recetas con un poco de azúcar al gusto, o preparar una salsa similar con sake o jerez. Para ello, hervir jerez seco o semiseco con azúcar a partes iguales hasta que este último se haya disuelto. O bien hervir sake seco o semiseco con azúcar en una proporción de 6:4 hasta que este último se haya disuelto. El resultado se conserva varios meses en el frigorífico.

NORI son algas marinas comestibles que suelen venderse en forma de láminas cuadradas secas y tostadas. Estas hojas elaboradas a partir de algas rojas suelen utilizarse para envolver el sushi y, cortadas en tiras, para condimentar sopas y otros platos. El nori rallado también suele encontrarse en mezclas de especias, al igual que el alga verde aonori, que tradicionalmente se usa para condimentar el takoyaki y el okonomiyaki, y también es uno de los ingredientes de mezclas de especias como el shichimi togarashi.

PANKO es la versión japonesa del pan rallado. Se obtiene a partir de un pan blanco sin corteza que se elabora expresamente para producir panko. Este pan no se hornea sino que se «cuece» entre grandes placas de metal. Su textura es gruesa y suave, y los copos son bastante más grandes y ligeros que los del pan rallado que utilizamos aquí. Puede encontrarse en tiendas orientales o en supermercados con un gran surtido. **En lugar de panko** puedes utilizar simplemente pan rallado convencional o, mejor aún, rallar pan blanco sin corteza.

RAMEN es tanto un tipo de fideos japoneses como una clase de sopas de fideos del mismo nombre. Las sopas ramen también pueden prepararse con fideos somen, udon o soba, pero los fideos ramen clásicos son la primera opción y tienen características especiales: se elaboran con harina de trigo, agua y kansui («agua de sal», también puede encontrarse como *lye water*), un agua enriquecida con carbonato de potasio y carbonato de sodio. Es este último ingrediente el que le da a los fideos su elasticidad y su textura inigualable. También pueden **sustituirse** por fideos mie, que se encuentran aquí fácilmente pero provienen de China y del sudeste asiático.

SAKE es un licor de arroz prácticamente insustituible en la cocina japonesa gracias a sus aromas suaves pero complejos. En las tiendas asiáticas suelen tener sake barato para cocinar, merece la pena preguntar por él. En la página 214 puedes leer más acerca del sake y del sake premium como acompañamiento para la comida japonesa. Para cocinar, **en lugar de sake** puedes utilizar jerez seco o semiseco. También pueden servir otros vinos blancos semisecos como el silvaner o el riesling.

SALSA DE SOJA (shoyu) se elabora a partir de granos de soja y cereales fermentados, agua, sal y cultivos de hongo koji. Es deseable que fermente durante meses, a veces incluso años. La calidad de esta salsa varía muchísimo, y su versión industrial se encuentra ya en todos lados.

SALSA DE SOJA DULCE ya puede encontrarse en muchos supermercados bien surtidos, aunque también es fácil **prepararla en casa**: mezclar 4 cucharadas de salsa de soja con 2 cucharadas de agua y 1 cucharadita de azúcar hasta que el azúcar se disuelva. En lugar del azúcar, puedes utilizar 1 cucharada de sirope de arce. Dependiendo de la intensidad de la salsa de soja, puedes variar la cantidad de agua y de azúcar a tu gusto.

SALSA PONZU SHOYU es una salsa japonesa clásica de base cítrica (p. ej. de yuzu) con salsa de soja, alga kombu y/o dashi. Tradicionalmente suele servirse con el shabu shabu (véase p. 38) o para acompañar el tofu sedoso frío (véase p. 165). Para preparar una salsa básica sencilla en casa, exprimir 100 ml de zumo de lima y limón a partes iguales (para un resultado más afrutado, sustituir 1/3 de estas frutas por zumo de mandarina recién exprimido), mezclar con 100 ml de mirin y 150 ml de salsa de soja clara y suave, y calentar todo (no hervir). Si tienes alga kombu a mano, merece la pena infusionar un trozo de unos 3 centímetros de largo durante 5 minutos. Después de retirar el alga, dejar que se enfríe.

SALSA TERIYAKI tiene una base de salsa de soja y azúcar a la que a veces se añade ajo tostado y jengibre fresco. La salsa insignia de la cocina japonesa es fácil de conseguir, aunque su sabor varía mucho y no siempre en sentido positivo. Puedes **preparar en casa** mi salsa teriyaki sin mucho esfuerzo: pelar 3 dientes de ajo, picarlos fino y tostarlos en la sartén con 1 cucharada de aceite. Mezclar en un cazo 250 ml de sake, 150 ml de salsa de soja clara, 50 ml de mirin, 2 cucharadas de vinagre de arroz y 2 cucharadas de sirope de jengibre con el ajo tostado. Picar fino 50 g de jengibre en almíbar e incorporar a la mezcla anterior. Cocer sin tapar durante 5 minutos. Disolver 5 g de fécula de maíz en 2 cucharadas de agua fría y mezclarlo con la salsa. Hervir y añadir 1 cucharadita de aceite de sésamo. Condimentar con una pizca de sal y verter en una botella con tapón que esté lavada con agua caliente. Dejar reposar 1 semana para que la salsa adquiera un sabor completo y aromático.

SHICHIMI TOGARASHI es una mezcla de cayena en polvo cuyos principales aromas son la cayena, la pimienta sansho y la piel de mandarina. También contiene semillas de amapola, mostaza, sésamo y alga aonori. Si no consigues la mezcla preparada, puedes condimentar a tu gusto con un poco de pimienta negra, cayena seca en copos y un poco de piel de naranja o mandarina rallada.

SIROPE DE JENGIBRE puede prepararse fácilmente **en casa**: llevar a ebullición 400 ml de agua con 50 ml de miel y 150 g de azúcar. Cortar 100 g de jengibre en láminas finas, añadirlas y cocer 10 minutos. Dejar enfriar y colar. Así se obtienen aprox. 250 ml de sirope. Si lo guardas en un frasco en el frigorífico, aguanta varias semanas. El sirope no solo sirve para cocinar, también está rico servido con agua mineral fría, cubitos de hielo, lima y menta (en una proporción aproximada de 2:6).

UMAMI (glutamato) se considera el «quinto sabor» junto con el salado, el dulce, el ácido y el amargo, y lo descubrió el químico japonés Kikunae Ikeda en 1907 al degustar un caldo dashi de sabor redondo e intenso. «Carnoso, sabroso, delicioso». Más adelante Ikeda identificó el ácido glutámico como causante de ese sabor, un aminoácido natural que también es producido por el cuerpo humano. La leche materna, por ejemplo, tiene un alto contenido en glutamato natural. Alimentos con una gran concentración son los tomates, el queso parmesano y los alimentos fermentados y secos. El glutamato monosódico en polvo son sales de ácido glutámico producidas mediante la biotecnología. La diferencia entre este glutamato «libre» y el presente en los alimentos naturales es que el primero no está unido en proteínas. El glutamato monosódico es sospechoso de estimular el apetito y fomentar indirectamente la obesidad, así como de provocar intolerancias. En la Unión Europea (y en toda Asia) se considera que el glutamato es un alimento seguro cuyo consumo no supone ningún problema «siempre que se use de forma racional y como parte de una alimentación equilibrada», tal como explica la Sociedad Alemana para la Alimentación. En la cocina japonesa, el sabor umami aparece de forma natural gracias a las verduras fermentadas, la salsa de soja y el miso, el katsuobushi, las algas kombu y nori, y las setas shiitake secas.

VINAGRE DE ARROZ es un vinagre (su) elaborado exclusivamente con arroz, una especialidad cara y poco habitual. En Europa son más comunes los vinagres japoneses de cereales, kokumotsu su, para cuya elaboración se mezclan y se fermentan otros cereales además del arroz, como el trigo y el maíz. Su acidez media es de un 2-4 % y por lo tanto es más suave que los vinagres habituales en Europa, que suelen contener una acidez del 7 %. **En lugar de vinagre de arroz** puedes usar vinagre de vino blanco mezclado en una proporción de 3:1 con zumo de manzana o mosto blanco de uva. Así obtendrás un vinagre suave y afrutado que será una buena alternativa para tus platos.

VIRUTAS O COPOS DE BONITO (véase Katsuobushi)

WASABI puede comprarse en Europa en forma de polvo para mezclar con agua o como pasta verde de wasabi que se vende en tubos. Ambos no contienen más que trazas de auténtico wasabi, pero de todos modos su sabor y su picor es muy particular y no puede sustituirse por el rábano picante de aquí. La raíz de wasabi, el auténtico rábano picante japonés, todavía no se ha extendido por Europa, ni siquiera es muy común en los buenos restaurantes japoneses del continente.

Dashi, miso y sopas de fideos ramen

EL PRINCIPIO: DASHI, MISO, RAMEN

En Japón, utilizar caldos de carne y verduras cocidas es muy poco habitual, pero es rara la comida que se sirve sin al menos una sopa caliente, que suele ser un cuenco de una aromática sopa de miso. *Suimono*, «algo para beber», es como se conoce al arte de la elaboración de sopas claras, para las que suele emplearse un dashi condimentado con distintas salsas de soja, mirin y a veces también sake. Tradicionalmente, la clásica fondue shabu shabu o el guiso sukiyaki tampoco contienen nada de caldo, o muy poco.

Las apreciadas ramen son la excepción: estas humeantes y sabrosas sopas de fideos con distintas guarniciones provienen de la tradición china y actualmente son un plato muy corriente en Japón. La base de las sopas de fideos ramen son caldos intensos y aromáticos que también pueden prepararse fácilmente en casa. Y merece la pena, porque en pocos pasos te permiten elaborar platos reconfortantes que sacian y aportan energía sin resultar pesados.

El secreto de un buen caldo son los condimentos potentes. La verdura también se rehoga para dar color y sabor. Además, los ingredientes secos como las setas shiitake o la cayena aportan aromas complejos. A continuación, te presento las recetas de dos caldos básicos, pero las indicaciones no están grabadas en piedra y pueden modificarse al gusto; también pueden añadirse todo tipo de mondaduras y cortes de verduras (siempre limpias).

Para darles un inconfundible toque japonés, puedes condimentar caldos y sopas con dashi (véase p. 21) o añadir algas kombu o copos de bonito al caldo base durante los últimos minutos de cocción. Sin embargo, estas dos recetas no necesitan más ingredientes para obtener intensos caldos básicos con sabor suficiente para servirse solos.

CALDO DE POLLO SABROSO

Tiempo de elaboración: 2 ½ horas (más tiempo de enfriamiento)

Limpiar **1 pollo** (aprox. 1,2 kg) con agua fría por dentro y por fuera y poner en una cazuela. Cortar por la mitad **300 g de chalotas** sin pelar y rehogar en una sartén con **2 cucharadas de aceite**. Cortar **1 puerro** por la mitad, limpiar y partir en cuatro. Añadir el puerro a las chalotas y rehogar. Cortar **4 ramas de apio** en trozos grandes. Cortar **50 g de jengibre** en láminas, pelar **2 dientes de ajo** y cortar por la mitad. Echar todos los ingredientes a la cazuela del pollo junto con **4 setas shiitake secas** (o 15 g de boletus o setas variadas secas), **¼–½ de pimiento de Cayena** (fresco o seco), **1 cucharadita de semillas de cilantro** y **2 estrellas de anís**, y cubrir con agua fría. Añadir **100 ml de salsa de soja** y **1 cucharadita de azúcar moreno**. Llevar despacio a ebullición y dejar hervir el caldo 2 horas a fuego lento. Retirar del fuego y dejar enfriar completamente, sacar el pollo y los trozos más grandes de verdura y después pasar el caldo por un colador fino. Probar con **una pizca de sal**.

Consejo: la sopa será aún más aromática si rehogas **250 g de corazones de pollo** con las verduras y los cueces con el caldo. La carne cocida del pollo deshuesada puede servirse como guarnición para sopas, en ensalada o con arroz salteado (yakimeshi, véase p. 144), con fideos salteados (yakisoba, véase p. 142) o en un cuenco de arroz donburi (véanse pp. 147-154).

CALDO DE VERDURAS INTENSO

Tiempo de elaboración: 50 minutos (más tiempo de enfriamiento)

Cortar por la mitad **4 cebolletas** sin pelar. Cortar **1 puerro** por la mitad, limpiar y partir en cuatro. Calentar **2 cucharadas de aceite** en una sartén, colocar las cebolletas con el corte hacia abajo y dorarlas. Añadir el puerro y dorar también. Cortar **4 ramas de apio** con la parte verde en trozos grandes. Cortar **60 g de jengibre** en láminas, pelar **2 dientes de ajo**. Echar todos los ingredientes a una cazuela junto con **4 setas shiitake secas** (o 15 g de boletus o setas variadas secas), **¼–½ de pimiento de Cayena** (fresco o seco), **1 cucharadita de semillas de cilantro** y **2 estrellas de anís**, y cubrir con agua fría. Añadir **100 ml de salsa de soja**, **1 cucharadita de azúcar** y **½ cucharadita de sal**. Llevar despacio a ebullición y dejar hervir el caldo 30 minutos a fuego lento. Retirar del fuego y dejar enfriar completamente antes de pasar el caldo por un colador fino. Probar con **una pizca de sal**.

MISO

Las pastas miso son uno de los ingredientes más importantes de la cocina japonesa, y en principio son irremplazables. Estas pastas maduradas a partir de granos de soja, arroz y/o cereales fermentados ofrecen aromas y matices complejos con una diversidad cada vez mayor. Encontrarás miso japonés en los supermercados bien surtidos, en las tiendas asiáticas, y cada vez hay más miso elaborado en Europa. ¡Una de las primeras manufacturas de miso alemanas está en la Selva Negra!

Las distintas pastas miso pueden clasificarse a primera vista por su color: el miso blanco o claro (shiro-miso) tiene un tono tostado, contiene poca sal y su sabor es dulzón, cremoso y suave. El aromático miso marrón rojizo (aka-miso) y las pastas rojas (hatcho-miso) son especialmente apreciadas y su uso está muy extendido. De todos modos hay muchísimos tipos y la calidad es muy variable, así que pruébalos y descubre cuál es tu preferido.

SOPA MISO

¡El miso es muy rico en proteína vegetal, minerales y vitaminas B! Si lo mezclas con agua o caldo, puedes preparar rápidamente una taza de sopa miso que te reconfortará y te dará energías para empezar el día. La elaboración es muy sencilla:

Receta básica / Sopa miso de desayuno:
Para una ración o taza, simplemente disolver 1-2 cucharaditas de tu pasta miso favorita en 300 ml de agua y disfrutarla. El aroma de este sencillo caldo es asombroso.

Variación sencilla:
Si añades 1-3 cucharaditas de salsa de soja y/o 1 gotita de salsa picante o de aceite de sésamo, la sopa será aún más intensa y estimulante.

Preparado con amor:
Si quieres, puedes sustituir el agua por caldo y/o dashi e infusionar un poco de ajo o jengibre en láminas durante 5 minutos, después pasa el líquido por un colador y sigue la receta básica.

Guarniciones:
Como guarnición recomiendo las opciones más clásicas como los dados de tofu sedoso, algas wakame y aros de cebolleta fina, pero también una cucharada de arroz cocido, fideos, dados de salmón, gambas, espinacas, setas, brotes, tiras de verduras...

Más recetas con miso:
Las encontrarás a lo largo de todo el libro, ya que el miso es mucho más que una pasta para sopas, puede utilizarse como condimento en numerosas elaboraciones. Las recetas imprescindibles son: ramen de miso (véase p. 29), salmón con mantequilla de miso (véase p. 107), ensalada de fideos soba (véase p. 167), berenjenas con miso (véase p. 190) o el filete japonés con salsa de mantequilla y miso (véase p. 92).

DASHI

El dashi, un caldo aromático elaborado con alga kombu y copos de bonito (katsuobushi, obtenido a partir del bonito seco, un tipo de atún), es la base de la cocina japonesa. Muchas recetas deben su sabor característico a este caldo, y es el dashi el que confiere a muchos platos su autenticidad. Merece la pena buscar el alga kombu y los copos de bonito, que pueden encontrarse en las tiendas asiáticas bien surtidas o también pueden pedirse por internet. No te recomiendo utilizar dashi instantáneo; la diferencia con el de verdad es casi como la que hay entre el café granulado instantáneo y el café recién hecho con granos de tueste artesanal. Mi «falso dashi» puede ser una alternativa, pero no hay nada como el original.

Tiempo de elaboración: 15 minutos

30 g de alga kombu
1 ¼ l de agua fría
30 g de copos de bonito (katsuobushi)

Frotar el alga kombu con un trapo húmedo y poner en una cazuela con 1 litro de agua fría. Calentar despacio hasta alcanzar el punto de ebullición. (¡No debe hervir!) Retirar del fuego en ese momento y dejar reposar el alga en el agua caliente durante 1-2 minutos más.

Sacar el alga y volver a hervir el caldo. Retirar del fuego y añadir ¼ de litro de agua fría. Esparcir los copos de bonito por la superficie y esperar a que se hundan hasta el fondo. Pasar por un colador fino cubierto con papel de cocina.

FALSO DASHI

Este libro se basa en la idea de que se pueden cocinar platos japoneses de forma sencilla en casa, y por eso he desarrollado una alternativa al dashi clásico para la que no se necesitan alga kombu ni copos de bonito. Combinando pan, sardinas y salsa de soja se obtiene un fondo complejo, aromático y fascinante que sin duda recuerda al original y que constituye un caldo asiático básico perfecto para multitud de preparaciones.

Tiempo de elaboración: 15 minutos

4 filetes de sardina (en aceite o en salazón)
50 ml de salsa de soja
1 diente de ajo
20 g de jengibre
2 rebanadas de pan negro o moreno (duro)

Limpiar los filetes de sardina con agua fría. Pelar el ajo y el jengibre y cortar en láminas. Poner todo en una cazuela con la salsa de soja y 1 litro de agua y llevar a ebullición. Añadir las sardinas y el pan y hervir de nuevo. Retirar del fuego y dejar reposar 10 minutos, después pasar el caldo con cuidado por un colador con papel de cocina.

Utilizar este falso dashi como indique la receta.

Consejo: Se recomienda utilizar ambos dashi el mismo día de su elaboración. También se puede enfriar el caldo y congelar en porciones. Para ello pueden utilizarse recipientes pequeños de congelación o cubiteras de hielo con cierre, de las que después puede extraerse el caldo en dosis exactas.

Si no hay sopas de fideos, no es vida

Hay cuatro occidentales en un cruce en Tsukiji, Tokio, con la mirada vacía puesta en un mapa desplegado y en las pantallas de sus teléfonos móviles. Dan la impresión de estar tan perdidos que sucede algo muy poco habitual en muchos aspectos: (a.) Una japonesa joven (b.) se apiada, (c.) se dirige a ellos y se ofrece a (d.) acompañarlos. Para que no haya malentendidos: los japoneses son extremadamente hospitalarios y se desviven por dar indicaciones (incluso aunque no conozcan el camino, eso también hay que tenerlo en cuenta), pero solo cuando se les pregunta, nunca por iniciativa propia. En Japón todo el mundo prefiere ocuparse de sus propios asuntos; de hecho, lo contrario sería considerado de mala educación. Así que algún dios benevolente nos envía a esta joven accesible que nos guía hasta nuestro alojamiento en nuestro primer día en Japón sin esperar compensación alguna. El jetlag comienza a hacer efecto, el sol de mediodía cae con fuerza y de camino descubrimos un pequeño establecimiento de ramen muy mono. ¡Genial, entremos!

Las sopas de fideos udon, soba o ramen con las guarniciones más diversas son el plato de diario más popular en Japón, y junto con el sushi, el sashimi y la tempura, es probablemente uno de los pilares de la cocina del país. El día comienza con una sopa de fideos, y puede terminar con otra. Durante los días siguientes no dejo escapar ninguna oportunidad de que me sirvan un cuenquito de estos caldos, incluso para desayunar.
Las raciones de sopa son enormes y vienen acompañadas de una montaña de fideos. Su sabor es denso y aromático, los caldos son casi cremosos, la textura de los fideos es maravillosa y es normal sudar abundantemente mientras se come. Para estos casos, los japoneses suelen tener a mano trapitos de colores de tela estampada llamados *furoshiki*, con los que se secan la frente de vez en cuando sin dejar de comer. Las cucharadas se sorben, y yo recomiendo tomar la sopa con una camisa vieja, porque es casi imposible no salpicarse.

Los cuatro fantásticos:
caldo, tare, fideos, guarniciones

Delicados fideos bañados en los caldos y condimentos más diversos que se combinan con distintas guarniciones. Las sopas de fideos ramen consisten en cuatro elementos fundamentales: la base son los caldos a partir de un fondo de cerdo, pollo, verdura, dashi y/o algas marinas, que despliegan todo su sabor a lo largo de dos días de cocción a fuego lento. También es importante el condimento principal, el tare (también conocido como kaeshi), una base de salsa(s) de soja y distintos aromas como jengibre, mirin y sake que se cuece por separado y se añade directamente al cuenco. Esto determina el sabor de la sopa en mayor medida que el caldo. Existen tres tipos básicos de sopa: shio-ramen (salado, base de aromas marinos, con algas y mariscos secos), shoyu-ramen (base de distintas salsas de soja y condimentos combinados) y miso-ramen (base de pasta miso de soja fermentada). Una vez mezclados el caldo y el tare en el cuenco, se añaden los fideos recién cocidos y por último las guarniciones más variadas, como por ejemplo huevos a la soja (véase p. 120), finas lonchas de carne de cerdo (chashu), algas, col china, cebolleta fina, rodajas de brotes de bambú, maíz, espinacas, y a menudo también narutomaki, una espiral de pasta blanca de pescado con carne rojiza de cangrejo surimi que no sabe a casi nada pero que, si lo he entendido bien, se sirve por su belleza decorativa y su textura delicada.

Un surtido infinito: pedir ramen con sampuru

Como puedes suponer, las posibilidades y combinaciones son casi infinitas. Además, en Japón prácticamente cada ciudad y región tienen su propia especialidad de ramen, como el Yokohama-ie-kei-ramen con pasta picante de legumbre, el Sapporo-ramen con mantequilla y maíz, o el Tsubame-Sanjo-ramen con cebolleta fresca y grasa de cerdo fundida, para recuperarse de un duro día de trabajo en el campo.

Para elegir su sopa, el turista desbordado encontrará por todo Japón réplicas de plástico. Estas realistas versiones de los platos que se exponen en escaparates de muchos restaurantes y que sustituyen la carta se llaman *sampuru*. Se elige señalando directamente en la vitrina. Muchas veces el brillo del barniz es lo único que delata a estas esculturas plásticas de aspecto delicioso. Sin embargo, al principio los sampuru no estaban pensados en absoluto para los turistas extranjeros. Los japoneses adoran las representaciones gráficas, incluso los conceptos más complejos se ilustran con manga, y gran parte del lenguaje escrito japonés consiste precisamente en signos y pictogramas, expresiones gráficas que resultan muy descriptivas. Este contexto explica el entusiasmo de los japoneses por los sampuru. Estas artísticas figuras se fabrican a mano, se endurecen en moldes de silicona tallados y se pintan minuciosamente también a mano, buscando la perfección incluso en la yema del blanquísimo huevo cocido.

Los sampuru se venden en la Kappabashi-dori y sus alrededores. La «calle de la cocina» de Tokio discurre entre el parque Ueno y el templo budista Senso-ji, en el barrio de Asakusa. A lo largo de esta calle y en las numerosas bocacalles hay muchísimas tiendas de utensilios de cocina y de productos gastronómicos, un auténtico paraíso para sibaritas y cocineros. La oferta va desde los palillos hasta las espadas ninja, y por todas partes se ven los escaparates coloridos y luminosos de las tiendas de sampuru. Para los aficionados a las manualidades también hay *kits* para hacer y pintar sampuru, y los cursos que se ofrecen son muy populares.
Las reproducciones realistas de todos los platos de la cocina japonesa e internacional brillan bajo las luces de neón. Bandejas relucientes de sushi, platos de verdura salteada, dim sum y salsas, sopas de miso, brochetas de yakitori, empanadillas al vapor... Pero también pizza, hamburguesas y salchichas con chucrut. Todo plástico.

En el escaparate del local de fideos cerca de donde nos alojamos hay expuesto, entre otros, un shoyu-ramen clásico con fideos, medio huevo, tres lonchas de cerdo, espinacas y algas que pedimos señalando con el dedo. Pagamos en un cajero automático, los amables camareros nos indican qué tecla pulsar, y minutos después estamos sorbiendo las cucharas. El caldo es aromático y oscuro, la montaña de fideos está coronada por crujiente carne de cerdo frita, y enseguida lo entiendo: esto es mejor que el café, esto es energía a cucharadas, todo un hallazgo culinario. Esa misma noche volvemos a tomar sopa de fideos, aunque muy distinta: la cremosidad y la profundidad de la grasa del caldo resulta sorprendente y lo convierte en casi un equivalente de una ración doble de cerdo asado con patatas. Estas sopas de aspecto inocente pueden ser increíblemente saciantes, sobre todo cuando se preparan con una base de huesos de cerdo que produce un caldo magnífico, como en este caso.

Cómo comer las sopas de fideos ramen

Tradicionalmente, las sopas de fideos ramen se comen en absoluto silencio, solo habla el cocinero (y solo lo estrictamente necesario). En cambio está permitido sorber con ruido, porque demuestra al cocinero que los comensales están satisfechos con su trabajo. Sin embargo, y contrariamente a lo que se cree, en comidas de trabajo o en círculos refinados sorber no se considera de buen gusto. Por desgracia es imposible no hacer ningún ruido, pero se hace el esfuerzo. También lo agradecen las camisas, que en las comidas muy ruidosas siempre acaban salpicadas de gotitas de caldo.

En las siguientes páginas encontrarás recetas de los tres tipos básicos de ramen, shoyu, shio y miso, así como una sopa de fideos udon, un aromático guiso, una receta para fiestas y la que probablemente es la sopa más famosa del mundo, ¡la de la película de culto *Tampopo*!

SHIO-RAMEN

Shio significa sal en japonés, y el shio-ramen suele situarse en el espectro de los aromas marinos salados, el condimento llamado *tare* se elabora con algas, dashi y sal marina.

Tiempo de elaboración: 35 minutos (si el caldo ya está preparado)

Tare:

20 g de jengibre
300 ml de dashi (véase p. 21)
50 ml de sake (véase p. 10)
Sal marina

Guarnición:

10-15 g de algas wakame secas, picadas fino
12-24 gambas pequeñas
2 cdas. de aceite
Sal
2 cebolletas finas
12-24 brochetas de madera

Fideos:

200 g de fideos somen (véase p. 10)
Sal

Caldo:

600 ml de caldo vegetal (véase p. 16)

Para el tare, pelar el jengibre, rallarlo fino y mezclarlo con el dashi y el sake. Llevar a ebullición y condimentar con sal marina de manera que su sabor sea marcadamente salado.

Para la guarnición, sumergir las algas wakame en agua caliente, dejar 5 minutos en remojo y después aclarar en un colador con abundante agua fría. Pelar las gambas excepto el extremo final, retirar las tripas y pinchar con brochetas. Calentar el aceite en una sartén y hacer las gambas a la plancha por ambos lados durante 2-4 minutos, hasta que estén rosas por fuera y aún transparentes por dentro. Después salarlas. Limpiar las cebolletas, cortarlas en aros finos y reservar.

Cocer los fideos en agua con sal siguiendo las indicaciones del paquete. Llevar el tare y el caldo a ebullición por separado, verter el tare hirviendo en cuencos precalentados. Escurrir los fideos y repartir en los cuencos junto con las algas wakame. Rellenar con caldo hirviendo. Añadir las gambas. Esparcir la cebolleta por encima y servir.

MISO-RAMEN

El miso-ramen clásico, que se prepara con un tare de pasta miso, es muy distinto de la sopa de miso tradicional. Es más rico y de sabores más complejos, y suele servirse con huevo y maíz.

Tiempo de elaboración: 35 minutos (si el caldo ya está preparado)

Tare:

20 g de jengibre
150 ml de dashi (véase p. 21, si no, caldo)
50 ml de sake (véase p. 10)
80-100 g de pasta miso clara o roja

Guarnición:

2-4 huevos (S)
2 cebolletas finas
1 lata pequeña de maíz

Fideos:

200 g de fideos ramen
Sal

Caldo:

1 l de caldo intenso de pollo o verdura (véase p. 16)

Para el tare, pelar el jengibre, rallarlo fino y mezclarlo con el dashi, el sake y el miso. Llevar a ebullición y reservar.

Para la guarnición, cocer los huevos durante 6-8 minutos, cortar la cocción con agua fría y pelar. Limpiar las cebolletas y cortar en aros. Escurrir el maíz en un colador.

Cocer los fideos en agua con sal siguiendo las indicaciones del paquete. Mientras tanto, llevar a ebullición el tare y el caldo. Cortar los huevos por la mitad. Verter el tare hirviendo en cuencos precalentados. Escurrir los fideos y servirlos. Rellenar con caldo hirviendo. Añadir el huevo y el maíz, esparcir la cebolleta por encima y servir.

SHOYU-RAMEN
con pato y setas shiitake

El sabor del shoyu-ramen está muy marcado por la salsa de soja (shoyu). Para prepararlo se combinan caldos intensos de pollo, cerdo, verdura, pescado y marisco con una o varias salsas de soja, y se condimenta con salsa de soja clara o dulce y/o con una salsa de soja fermentada bastante aromática. Esta base de salsa(s) de soja y distintos condimentos como jengibre, mirin y sake se conoce como *tare* (o kaeshi). Se prepara por separado y es lo primero que se sirve en el cuenco; después vienen los fideos y el caldo, y por último la guarnición.

Tiempo de elaboración: 35 minutos (si el caldo y los huevos a la soja ya están preparados)

Tare:

20 g de jengibre
150 ml de salsa de soja dulce (véase p. 10)
50 ml de salsa de soja oscura
1 cda. de mirin (véase p. 9)

Guarnición:

1 pechuga de pato (sin hueso)
Sal
Pimienta negra recién molida
4 cdas. de aceite
6 setas shiitake
100 g de hojas de espinaca
2 cebolletas finas
4 huevos a la soja (véase p. 120)

Fideos:

200 g de fideos soba
Sal

Caldo:

1 l de caldo intenso de pollo o verdura (véase p. 16)

Para el tare, pelar el jengibre, rallarlo fino y mezclarlo con las salsas de soja y el mirin. Llevar a ebullición y reservar.

Para la guarnición, precalentar el horno a 200 °C. Realizar cortes en forma de rejilla en la grasa de la pechuga de pato, retirar los tendones y la membrana, y salpimentar. Calentar el aceite en una sartén apta para el horno y hacer la pechuga a la plancha por el lado de la grasa durante 4-5 minutos hasta que se dore. Dar la vuelta y hacer otros 2 minutos. Meter la sartén en el horno (segunda altura desde abajo) y asar la pechuga 6 minutos. Dar la vuelta y hacer otros 6 minutos. Después, sacar del horno y dejar reposar la carne durante 10 minutos en un plato volteándola dos veces.

Limpiar las setas shiitake, retirar el tallo, cortar el sombrero por la mitad y dorar por todos los lados en la grasa de pato (¡utilizar un trapo o una manopla si el mango todavía está caliente!). Limpiar las espinacas, lavarlas y secarlas con un escurridor de lechuga. Limpiar las cebolletas y cortar en aros finos.

Cocer los fideos en agua con sal siguiendo las indicaciones del paquete. Mientras tanto, llevar a ebullición el tare y el caldo. Cortar la pechuga de pato en rodajas, cortar los huevos por la mitad. Verter el tare hirviendo en cuencos precalentados, añadir las espinacas. Escurrir los fideos y repartir en los cuencos. Rellenar con caldo hirviendo. Añadir las rodajas de pato, las setas shiitake y el huevo. Esparcir la cebolleta por encima y servir.

Consejo: En la cocina japonesa no es habitual utilizar ajo. Sin embargo, en esta receta es todo un acierto añadir al tare un diente de ajo rallado.

SOPA DE FIDEOS UDON
con pollo

Un plato rápido con pollo asado de la pollería: una aromática sopa japonesa con fideos udon, que bañados en un intenso caldo de pollo con salsa de soja se convierten en una suave delicia.

Tiempo de elaboración: 20 minutos

20 g de jengibre
1 l de caldo intenso de pollo
50 ml de salsa de soja
240 g de fideos udon (aprox. 60 g por persona)
Pollo asado de la pollería
Cebolletas finas
Sal
Salsa picante
2-4 huevos a la soja, al gusto (véase p. 120)

Pelar el jengibre, cortar en láminas y llevar a ebullición con el caldo de pollo y la salsa de soja. Cocer 1 minuto, retirar del fuego y dejar reposar.

Mientras tanto, preparar los fideos udon siguiendo las indicaciones del paquete. Quitar la piel del pollo y trocear, separar la carne del hueso y desmigar (en la foto se ha dejado el muslo entero a modo decorativo). Limpiar las cebolletas y cortar en aros.

Llevar el caldo de pollo a ebullición, sacar el jengibre y condimentar la sopa con sal y salsa picante al gusto. Escurrir los fideos y repartir en los cuencos precalentados junto con la carne de pollo y la cebolleta. Mojar con el caldo. Si se desea, añadir un huevo a la soja cortado por la mitad, y servir enseguida.

SOPA DE FIDEOS TAMPOPO

«Maestro, ¿se empieza con la sopa o es mejor empezar por los fideos?». «Lo primero que debemos hacer es tocar la superficie de la sopa con la punta de los palillos, como si quisiéramos acariciarla.» «¿Y para qué se hace?». «Es una declaración de amor a la sopa de fideos.»

[Tampopo (1985), de Juzo Itami]

En la película de culto de los años ochenta *Tampopo*, un camionero japonés emprende la búsqueda de la receta para preparar la mejor sopa de fideos que existe y así encuentra el amor. Esta comedia japonesa mezcla con humor tópicos de los wéstern, de las películas de gánsteres y del cine erótico con una gastronomía de aspecto delicioso. El *New York Times* la consideró «brillante». En Alemania tuvimos que esperar casi treinta años al DVD de la película, pero desde 2012 también puede conseguirse allí. A finales de los ochenta yo la tenía grabada en vídeo y celebraba fiestas «Tampopo» con mis amigos: veíamos juntos la película mientras en la cocinita de nuestro piso compartido el aromático caldo se terminaba a fuego lento. Te recomiendo que lo pruebes, pero ¡asegúrate de que tienes todos los ingredientes para la receta en casa!

Tiempo de elaboración: 30 minutos (5 horas de cocción más 30 minutos de reposo)

Para el caldo:

1 pollo para sopa (aprox. 1,2 kg)
1 kg de chuleta de cerdo
2 manojos de verduras para sopa
10 g de sal
50 g de jengibre
3 dientes de ajo
5 setas de shiitake secas (o 15 g de boletus o setas variadas)
¼-1 de pimiento de Cayena (al gusto)
100 ml de salsa de soja clara
50 g de pasta miso oscura
1 cdta. de azúcar

Para la guarnición:

240-320 g de fideos ramen o fideos asiáticos para sopa (60-80 g por persona)
Sal
200-320 g de panceta de cerdo (véase p. 97) (50-80 g por persona)
½ lámina de nori
2 cebolletas finas

Trocear el pollo y cortar la chuleta a lo largo del hueso. Limpiar la verdura para sopa y cortar en trozos grandes. Poner todo en una cazuela grande, añadir la sal, cubrir con agua y llevar a ebullición tapado. Retirar la espuma que se forme, bajar el fuego y dejar hervir sin tapar durante 3 ½ horas a fuego lento.

Pelar el jengibre y cortar en láminas, pelar el ajo y cortar por la mitad. Añadir al fondo de sopa las setas secas, la cayena, la salsa de soja, la pasta miso y el azúcar y dejar cocer a fuego lento 1 ½ hora más (¡este es el momento de ver la película!). A continuación, retirar del fuego y dejar reposar 30 minutos antes de pasar el caldo por un colador fino. Probar el caldo con sal.

Entretanto, cocer los fideos en agua con sal siguiendo las indicaciones del paquete. Cortar la panceta de cerdo en lonchas finas, y la lámina de nori, en tiras anchas. Limpiar las cebolletas y cortar en aros. Llevar el caldo a ebullición. Escurrir los fideos y repartir en los cuencos precalentados junto con la panceta y la cebolleta. Mojar con el caldo, colocar una tira de alga nori en cada cuenco y servir enseguida.

SUKIYAKI

El guiso de ternera se popularizó a principios del siglo XX, después de que Japón se abriera a Occidente durante la era Meiji (1868-1912). Antes de eso, debido a los preceptos budistas, era muy poco habitual consumir carne de ternera. Tradicionalmente, el sukiyaki se prepara junto a la mesa, los ingredientes preparados se cuecen en un orden determinado. El plato se condimenta con la salsa warishita, que le da a la receta original su carácter marcadamente dulce, aunque mi versión de este clásico lleva mucho menos azúcar. El sukiyaki no es una sopa, así que los ingredientes no flotan en la salsa, sino que se cocinan en ella.

Tiempo de elaboración: 25 minutos

Para la salsa warishita:

100 ml de sake (véase p. 10)
100 ml de salsa de soja clara
100 g de azúcar
50 ml de mirin (véase p. 9)
50 ml de caldo de ternera

Para el sukiyaki:

400 g de lomo de ternera del extremo fino
1 cebolleta pequeña
8-12 setas shiitake pequeñas
50 g de la parte blanca del puerro
50 g de col china
100 g de brotes de espinacas
100 g de tofu
Aceite para cocinar
Fideos shirataki (véase p. 8)
4 yemas de huevo (M)

Mezclar todos los ingredientes de la salsa warishita. Lavar la carne de ternera, secar y cortar en rodajas finas, pelar las cebollas y cortar en juliana. Limpiar las setas shiitake, quitar el tallo y cortar el sombrero por la mitad.

Limpiar el puerro y cortar en rodajas finas en diagonal. Limpiar la col china y cortar en juliana. Lavar las espinacas y secarlas con un escurridor de lechuga. Cortar el tofu en dados.

Calentar aceite en una sartén antiadherente de borde alto o en un wok (en la imagen se ve una cazuela clásica de sukiyaki) sobre un hornillo en la mesa o en el fogón.

Rehogar a fuego fuerte la carne con la cebolla y reservar. Saltear las setas shiitake sin dejar de remover. Mezclar con la carne y un poco de la salsa. Apartar y dorar ligeramente el puerro y la col. Cubrir con un poco de salsa, llevar a ebullición y empujar a una esquina de la sartén.

Disponer las espinacas, los fideos y el tofu en la sartén, verter el resto de la salsa y cocinar tapado 1-2 minutos. El plato se come con palillos y se acompaña de cuenquitos con yema de huevo cruda en la que se moja cada bocado antes de comerlo.

SHABU SHABU

«Shabu shabu» es la onomatopeya del ruido que hace una fina rodaja de carne al pasarla con los palillos por el caldo hirviendo a fuego lento de una fondue. Y precisamente eso es el shabu shabu: una fondue en compañía en la que la carne, el tofu y las verduras se cocinan en caldo y se mojan en salsa ponzu y salsa de sésamo. Para terminar, el denso caldo se sirve en cuenquitos con fideos udon.

Tiempo de elaboración: 25 minutos

Para la salsa de sésamo:

50 g de sésamo blanco tostado
50 ml de caldo vegetal
50 ml de mirin (véase p. 9)
4 cdas. de salsa de soja clara
2 cdas. de sake (véase p. 10)
1-2 cdtas. de tahini o mantequilla de cacahuete al gusto

Para la salsa ponzu:

1 lima
1 mandarina
1 limón
200 ml de salsa de soja
20 g de alga kombu

Para la fondue:

20 g de jengibre
800 ml de caldo de ternera intenso
100 ml de dashi
50 ml de salsa de soja
50 ml de sake (véase p. 10)
50 ml de mirin (véase p. 9)
250 g de fideos udon (véase p. 8)
400 g de setas variadas (p. ej. champiñones, shiitake, setas ostra)
100 g de col china
100 g de tirabeques
Sal
200 de tofu al gusto
600 g de lomo de ternera

Además:

Mizuna* para decorar

Para la salsa de sésamo, batir el sésamo tostado, el caldo, el mirin, la salsa de soja y el sake con una batidora de mano. Añadir un poco de tahini o mantequilla de cacahuete al gusto para obtener una salsa más cremosa.

Para la salsa ponzu, exprimir los cítricos y medir 100 ml. Calentar en una cazuela con la salsa de soja. Humedecer el alga kombu con un trapo húmedo, hacer varios cortes superficiales e infusionar en la salsa ponzu durante 1 minuto. Retirar y dejar enfriar la salsa.

Para la fondue, pelar el jengibre y cortar en láminas, y llevar a ebullición con el caldo de ternera, el dashi, la salsa de soja, el sake y el mirin. Dejar cocer 1 minuto, retirar del fuego y dejar reposar. Cocer los fideos udon siguiendo las indicaciones del paquete, cortar la cocción con agua fría y escurrir.

Limpiar las setas y cortar en cuatro trozos, en ocho o en láminas. Lavar la col china y picar en tiras anchas, limpiar los tirabeques. Blanquear los dos ingredientes en agua con sal durante 1 minuto. Cortar la cocción con agua fría. Cortar el tofu en dados y la carne de ternera en rodajas finas. Disponer en una bandeja con la mizuna.*

Cuando lleguen los invitados, llevar a ebullición el caldo de ternera, retirar el jengibre y salar al gusto. Servir el caldo hirviendo en un recipiente de fondue y llevar a la mesa con la fuente de calor. Presentar con los ingredientes y las salsas.

Al terminar, llevar de nuevo a ebullición el caldo y servir con los fideos udon en cuencos precalentados.

* Las hojas de mizuna son brotes de col japonesa que cada vez se comercializan más en Europa, tanto de invernadero como cultivados al aire libre (a partir de abril). La mizuna está emparentada con coles como el colinabo o la col china. Esto se percibe también en su sabor ligeramente picante, como a mostaza.

Sushi y sashimi

El día en que dejé de pedir sushi fuera de Japón

En la entrada de la lonja de pescado más grande del mundo hay un letrero que informa en inglés a los turistas sobre la posibilidad de que los atropellen. Les advierte de que tengan cuidado con los «vehículos». Qué considerados, pienso, y me echo a reír. Pero solo un instante. No he dado ni tres pasos y de pronto me encuentro en una escena de *La guerra de las galaxias*. Cientos de carretillas y motos transportan mercancías de A a B y nos embisten a gran velocidad. Estos vehículos asesinos que funcionan con baterías no hacen casi ruido y no tocan la bocina, algo que se considera de muy mala educación. De pronto estoy completamente despierto. Son las 4:30 de la madrugada, esto es mejor que el café. Estoy en medio de un videojuego frenético. Pero por desgracia solo tengo una vida. Nos deslizamos como lagartijas por la zona de subasta de atún, aunque ya se ha vendido todo. Solo se reparten 120 plazas para el público cada mañana, nos enteramos de que se recomienda llegar hacia las 2:30.

Sushi Dai. Iluminación matutina en el mercado de Tsukiji

Plan B: un poco de sushi para desayunar. En las acogedoras callejuelas que rodean la lonja de Tokyo hay numerosas tiendecitas y puestos de sushi. Nos decidimos por Sushi Dai; todas las guías de viaje y gastronómicas de cualquier rincón del mundo cantan alabanzas de la calidad del sushi que se sirve, pero también advierten de que el tiempo de espera suele superar las dos horas. Tonterías, me digo. Cuando llegamos al local, hacia las 5 de la mañana, ya hay unas 20 personas esperando delante de la entrada cerrada del puesto de sushi. A quien madruga... Pero la amable dueña del puesto nos manda a la siguiente esquina, ya que allí es donde empieza la auténtica cola. Por ahora hay ocho personas esperando. No es para tanto, me digo. Hace un frío que pela y está oscuro. Bueno, enseguida estaremos dentro del restaurante, pienso. Nos sirven té caliente.

Dos gélidas horas después, al menos estamos ya justo delante de la puerta y podemos mirar dentro. Hay exactamente 13 asientos. La dueña va apuntando lo que queremos, sí, el menú grande, ahora sí que sí. A las 7:20 entramos por fin en el templo sagrado, donde nos reciben con gritos de júbilo. En la guía ya había leído acerca de los exagerados rituales de recibimiento, pero de todos modos me sorprende. Aquí el cliente no es el rey, ¡es por lo menos el emperador! Las toallas calientes que nos entregan nos descongelan lentamente las manos. Nos sirven té verde caliente y sopa de miso. Primero nos traen tamago, un cubo de esponjosa tortilla

de varias capas con alga verde. Enseguida me siento feliz de estar aquí. Tengo la sensación de que parte del éxito de Sushi Dai podría deberse al hecho de que todos los comensales, después de dos horas de espera en la gélida madrugada, sienten una felicidad sin reparos simplemente por estar allí. Decido conservar mi espíritu crítico, pero entonces nos sirven el primer sushi. ¡Toro! Atún veteado de grasa. Brillante, rojo intenso y carnoso, el arroz de sushi está caliente, grano contra grano, el pescado se derrite en el paladar, el arroz con un toque casi imperceptible de vinagre se deshace en la boca. Mastico pensativo con los ojos cerrados. Y en ese preciso momento decido no volver a comer sushi fuera de Japón, no tendría sentido. Mastico y me disculpo con todos los peces que han muerto para preparar lo que yo creía que era «sushi». Por ese único nigiri-sushi ha merecido la pena todo, levantarse, esperar, volar a Japón.

Y no hemos hecho más que comenzar un menú larguísimo. ¿He mencionado ya lo profundo, redondo y aromático que es el sabor de la sopa de miso? Entretanto, el maestro detrás de la barra forma cada pieza de sushi en el momento para cada comensal con una calma concentrada. Ahora lenguado, con un par de granos de sal y con un delicado toque de lima. Nada de salsas, advierte el maestro, y tiene razón, un sueño mantecoso. Asentimos con devoción, el maestro sonríe divertido y prepara los siguientes 13 sushi, nigiri de salmonete y uni-gunkan-maki, todo fresquísimo. Las huevas de erizo se deshacen cremosas en la boca, un dulzor como de nuez. Seguimos a buen ritmo con carnosas vieiras, arenques, besugo, pargo, caballa, anguila asada, atún graso. El ambiente es relajado, agradable e internacional, las especies de pescados se buscan en Google junto con el maestro, se entabla conversación, el interés por el otro es mutuo y auténtico, los comensales también intercambian impresiones.

¡El sushi se come con las manos!

Cada vez estamos más relajados. Esto no es un culto divino sino una fiesta del sushi madrugadora y alegre. De todos modos hay reglas, y también se agradecen: nos ofrecen salsa de soja y wasabi (¡recién rallado!), pero aquí a nadie se le ocurriría mezclarlos para obtener una salsita en la que mojar las piezas. En Japón, por lo general, el sushi ya está «condimentado» por el maestro, que unta distintas combinaciones de wasabi recién rallado, salsas de soja o zumo de lima en el lado del pescado que después está en contacto con el arroz. El arroz también tiene el toque justo de vinagre

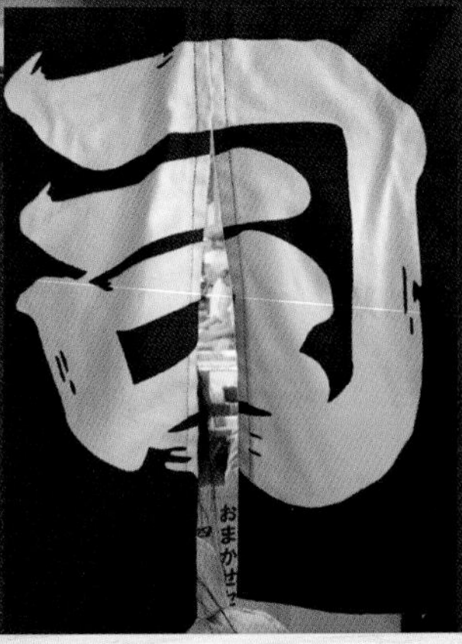

y sal. Así que es poco común condimentar las piezas con wasabi o salsa de soja, que mezclados pierden todo su sabor. Además, el arroz nunca entra en contacto con la salsa de soja, ¡si se moja algo será solo el pescado!
Y mientras nosotros, los turistas, intentamos llevarnos el sushi a la boca con palillos temblorosos, haríamos mejor en observar a los comensales japoneses: la mayoría coge el sushi que les sirven directamente con la mano (sin rodeos ni más condimentos), lo sostienen entre el pulgar, el índice y el dedo corazón, y lo disfrutan en un bocado, como mucho en dos. ¡Sin complicaciones!

Pasamos dos horas sentados a la barra del Sushi Dai y allí aprendo cómo puede ser el sushi clásico y cómo es realmente el sushi tradicional. Al salir a la calle bajo la luz de la mañana, la cola ha alcanzado los cincuenta metros. Menuda suerte. Una carretilla asesina se acerca a gran velocidad.

Me aparto tranquilamente y saludo con la cabeza.

Visita al maestro Nagano-san: 30 platos en tres horas, y una nueva creación cada seis minutos

Al día siguiente he concertado una cita con un maestro del sushi. Nagano-san, del restaurante Umi, ha dedicado toda su vida a la elaboración de sushi, y esta circunstancia ya marca una gran diferencia: en Japón se ríen educadamente de nuestra formación de tres años para ser cocinero y también del temario que incluye. Ellos persiguen la idea del aprendizaje constante, y a esto se añade una fuerte tendencia a la especialización: haz una cosa bien. Pero muy bien. Alcanza el dominio de tu disciplina. Al maestro del sushi jamás se le ocurriría preparar también sopas de fideos, y el maestro del ramen cocina sopas de fideos y nada más. Eso sí, ¡a la perfección! Es un gran placer observar a estos maestros de su campo ejerciendo su profesión (¡vocación!). Dedicación silenciosa. Pasión. Orgullo. Nagano-san y su aprendiz se entregan al trabajo con una mezcla de meditación y alegría de vivir. Movimientos concentrados, treinta platos en tres horas, una nueva creación cada seis minutos. Sirven sake frío, rallan rábano picante verde (¡la auténtica raíz de wasabi!) y lo colocan en el plato de forma ondulada, añaden una montaña de algas verdes y unos calamares diminutos que se cocinan brevemente junto con sus tripas y después se sirven en una brocheta, sabrosos y delicados. El maestro sonríe, incluso con los ojos, disfruta del visible entusiasmo de sus invitados. Nos sirven akagai (un tipo de almeja), torigai (berberechos),

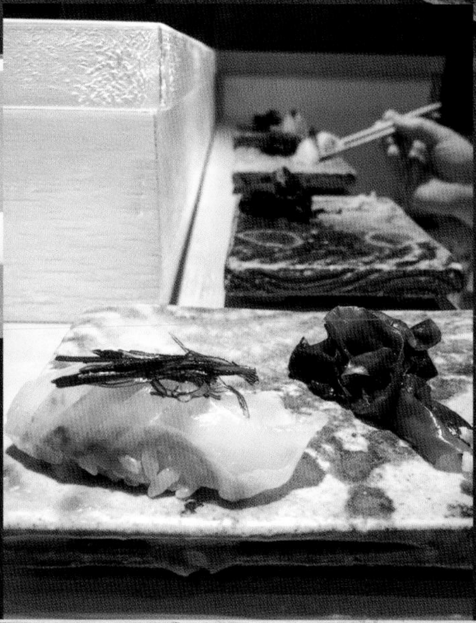

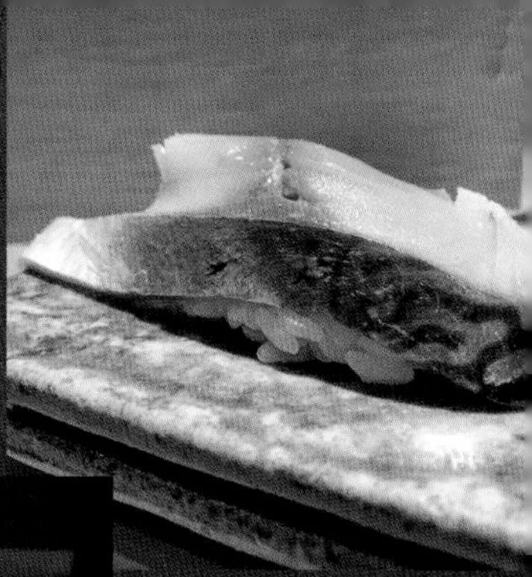

arenque kohada y pulpo con gomasio, una mezcla de sésamo tostado y molido con sal. La calidad del marisco se nota en la claridad de los aromas. El maestro nos muestra en qué casos solo debería utilizarse sal como condimento, y cuándo es adecuada la salsa de soja clara y baja en sal. Después de la brema a la parrilla y el pepino de mar con cebollino hervido en soja, comemos los primeros sushi: granos de arroz templado y textura ligera, con un delicado toque de vinagre de arroz rojo madurado. Arenque, sardina, caballa, sepia al estilo nigiri, y gunkan-maki de erizo de mar. El maestro trabaja ensimismado, todos los músculos de su cuerpo están en tensión, murmura órdenes escuetas en voz baja, que todo el personal de la cocina y el restaurante confirma con un *¡hai!* a pleno pulmón. Una de esas veces derramo un vasito de sake del susto. El atún graso sobre arroz se deshace cremoso en la boca. Sospecho que el pescado de tanta calidad ni siquiera llega a salir del país. Es todo un honor que, después de acabar con la sopa clara de miso con rábano y puerro, nos inviten a pasar a la cocina tras la barra. ¡Foto! Después intercambiamos tarjetas de visita y reverencias de agradecimiento con toda seriedad, y cuando por fin estamos saliendo, un grito nos desea buenas noches: «*Arigatou gozaimasu! Oyasumi nasai!*».

¡Pues claro que se puede preparar sushi en casa!

En el vuelo de vuelta a Alemania, tengo once horas para pensar qué hacer con todo lo que he aprendido sobre sushi. De repente caigo en la cuenta: la solución no es renunciar. Como tantas otras veces en la vida, puede que menos sea más. Pero con mucha calidad, que al menos recuerde a los maestros japoneses. Pocos restaurantes de sushi lo logran en Alemania. ¿Y en casa? Me siento un poco intimidado por el arte de los maestros japoneses a los que he conocido, por el aprendizaje constante al que dedican toda su vida. Sin embargo, me anima pensar que tampoco tendría ningún sentido dejar de tocar la guitarra solo porque haya dioses del instrumento como Keith Richards, James Hetfield o John Frusciante que lo dominan a la perfección. Para este libro he escrito recetas que dan muy buenos resultados. De consistencia delicada y ligera, estas elaboraciones superan la mayoría de las variedades de sushi que encontramos en nuestro país. En cuanto al pescado, me he centrado en las especies que son más habituales aquí. Sin embargo, además de la calidad del pescado, también es importante el arroz, de modo que en las siguientes páginas explico cómo prepararlo de forma muy detallada.

EL ARROZ DE SUSHI PERFECTO

Hablemos del arroz para sushi. Preparar un arroz aromático con un ligero toque de vinagre como base para las distintas recetas de sushi es el mayor reto al que se enfrenta el cocinero inexperimentado. El arroz no solo debe ser pegajoso sino también esponjoso; en el arroz que preparan los maestros japoneses, los granos se adhieren visiblemente unos a otros. El arroz se condimenta ligeramente con vinagre y tiene un sabor suave, no demasiado salado pero sí sabroso. Yo mismo he fracasado numerosas veces al prepararlo: muchas veces el arroz era demasiado pegajoso, otras veces se me quemaba o me quedaba duro, en una ocasión el resultado fue un puré transparente. Algunas recetas recomiendan una vaporera de arroz, pero tampoco es garantía de éxito. Los precios de los distintos modelos varían muchísimo y los resultados son variopintos, además la vaporera más cara no tiene por qué ser la más fiable. Por no decir que este aparato se convierte rápidamente en otro cacharro más acumulando polvo en un armario.

Para este libro he desarrollado un método con el que conseguir arroz de sushi como es debido en una cazuela. Es muy importante seguir todos los pasos y prestar atención a los detalles. Se tarda unas dos horas en prepararlo, aunque la mayor parte del tiempo el arroz está a remojo, cociéndose o reposando sin que tú tengas que hacer nada.

EL ARROZ

Hoy en día se encuentra arroz para sushi en los supermercados bien surtidos o en las tiendas asiáticas, pero también se puede pedir cómodamente por internet, la oferta es infinita. He probado distintos tipos de arroz y la experiencia me dice lo siguiente: hay pequeñas diferencias en el sabor y en la consistencia, y procura comprar arroz que solo contenga granos enteros. El arroz barato suele tener granos rotos que después lo aglutinan todo. Pero sobre todo se trata de prepararlo como es debido.

LA CAZUELA

En algún momento me compré una cazuela con un revestimiento parecido al de las sartenes de teflón, de manera que no se pega nada. Las cazuelas de acero inoxidable de siempre también funcionan, pero muchas veces se queda un poco de arroz pegado. Los mejores resultados los he obtenido con la cazuela antiadherente, y a diferencia de la vaporera de arroz, esta cazuela también sirve para otras elaboraciones, la uso casi a diario. Es importante que la cazuela que utilices tenga una tapa que cierre bien. Las tapas de cristal son estupendas porque te permiten observar el arroz mientras se prepara. El diámetro de la cazuela también importa, mi cazuela es de Ø 25 centímetros. ¡El arroz para sushi necesita su espacio!

LAVAR EL ARROZ

Con 400 g de arroz para sushi se obtienen aproximadamente 900 g de arroz cocido para unos 32 nigiri-sushi o 3-4 rollos de maki-sushi, perfecto para 4-6 personas. Poner el arroz en un colador fino y colocarlo sobre un bol. Lavar el arroz en agua fría con las manos; el agua adquirirá un tono lechoso por el almidón. En casi todas las recetas se indica que hay que lavar el arroz hasta que el agua quede transparente. Personalmente, lavo el arroz 7 veces en agua fresca, durante 1 minuto cada vez, y al hacerlo deslizo el arroz entre los dedos y la palma de la mano presionando suavemente. Cambio el agua cada vez. Después del séptimo lavado, el agua queda bastante clara. Entonces retiro el colador con el arroz, lo dejo escurrir y lo dejo reposar una hora en el propio colador. Nunca dejes el arroz a remojo, ¡que repose húmedo al aire!

COCER EL ARROZ

El arroz, que ahora está blanco como la nieve, se pone en la cazuela con exactamente 550 mililitros de agua templada. Tapar (y no abrir ni una sola vez durante toda la cocción) y llevar a ebullición. Bajar el fuego y dejar hervir a fuego lento hasta que el arroz haya absorbido toda el agua, aproximadamente 15 minutos. Retirar la cazuela del fuego y dejar reposar tapado otros 15.

ENFRIAR EL ARROZ

Mientras el arroz reposa, preparar el condimento. Mezclar 2 cucharadas de vinagre de arroz con 2 cucharaditas de azúcar (10 g) y 10 g de sal hasta que el azúcar y la sal se hayan disuelto. En un segundo cuenco preparar el agua para las manos mezclando 1 cucharada de vinagre de arroz con 4 cucharadas de agua. A continuación volcar el arroz sobre una tabla de madera grande o una superficie de trabajo, y airearlo y extenderlo con una cuchara de madera. Enfriarlo rápidamente con ayuda de un abanico o una tapa de plástico. De vez en cuando voltear el arroz, airearlo con cuidado (no removerlo nunca) y volver a enfriarlo.

CONDIMENTAR Y FORMAR EL ARROZ

Salpicar el arroz templado con el condimento y voltear de nuevo cuidadosamente con la cuchara de madera para airearlo y repartir el sabor. Ahora puedes empezar a dar forma al arroz. Primero humedécete ligeramente las palmas de las manos con el agua que has preparado, así el arroz no se te pegará tanto.

SUSHI PARA INVITADOS

Lo ideal es que el arroz esté recién preparado y templado cuando lleguen los invitados. Esto requiere una buena planificación, práctica y un espíritu algo aventurero. Sin embargo, también puedes preparar el arroz con antelación, darle forma de nigiri-sushi, por ejemplo, y conservarlo en una bandeja cubierta con papel film sin tensar. Así, las piezas pueden esperar a temperatura ambiente a que llegue el momento de terminarlas. Corta el pescado y colócalo encima justo antes de servir. Los rollos de maki-sushi pueden prepararse 1-2 horas antes de que lleguen los invitados y conservarse en el frigorífico envueltos en papel film, pero antes de servirlos es necesario que recuperen la temperatura ambiente.

Consejo: Cualquier pescado que se utilice para preparar sushi tiene que ser fresquísimo, lo mejor es que lo encargues en la pescadería. Mi bandeja de sushi de inspiración nórdica con pescados locales y camarones es una variante deliciosa y sostenible. Por supuesto también puedes utilizar pescados más típicos, pero ten siempre en cuenta los consejos *online* para compras de pescado de organizaciones como WWF y Greenpeace.

NIGIRI Y GUNKAN-MAKI

El popular nigiri-sushi ofrece una variedad infinita de guarniciones, y su pariente el gunkan-maki es menos conocido pero igualmente delicioso: *gunkan* significa «bote» o «buque de guerra». Para prepararlo, se da forma ovalada a una porción de arroz, se envuelve con una tira ancha de nori que sobresale del arroz y se corona con lechuga o delicias diminutas como huevas o camarones. Con la sostenibilidad en mente, para mi bandeja de nigiri y gunkan-maki solo he utilizado pescados y camarones locales.

Tiempo de elaboración: 30 minutos (más aprox. 2 horas de preparación del arroz)

400 g de arroz para sushi
Pasta de wasabi (véase p. 11)
200 g de lomo de trucha asalmonada (con piel, listo para cocinar, sin espinas), véase consejo en p. 53
2 filetes de arenque fresco ahumado
50 g de huevas de trucha
1 ½ láminas de nori
125 g de filetes de trucha ahumada
1 cda. de mayonesa
Un chorrito de zumo de limón
80 g de camarones
½ manojo de berros
Salsa de soja
Jengibre encurtido (véase p. 62)

Preparar el arroz para sushi siguiendo la receta básica. Mezclar una porción de wasabi del tamaño de una avellana con un poco de agua para obtener una crema fácilmente untable.

Para los nigiri-sushi, formar 16 rectángulos redondeados con la mitad del arroz siguiendo la receta básica de las páginas 47-49. Cortar la trucha asalmonada en 8 lonchas finas oblicuas separándolas de la piel. Cortar los arenques frescos en cuatro. Untar una fina capa de wasabi sobre las piezas de arroz y cubrir con el arenque y la trucha asalmonada. Coronar los sushi de trucha con las huevas.

Para los gunkan-maki-sushi, formar 16 óvalos con el resto del arroz y aplanar ligeramente, untar la parte superior con un poquito de wasabi. Cortar las láminas de nori en 16 tiras del mismo tamaño, envolver con ellas las piezas de sushi y pegar el extremo con un grano de arroz.

Desmigar la trucha ahumada, mezclar con la mayonesa y sazonar con el zumo de limón. Rellenar 8 de los gunkan-maki-sushi con la ensaladilla de trucha. Decorar con berros.

Cómo degustar los nigiri y los gunkan-maki:
Disponer el sushi en una bandeja y servir junto con la salsa de soja y el jengibre encurtido. En Japón, los nigiri y los gunkan-maki ya suelen presentarse condimentados con wasabi y salsa de soja, ya que el maestro del sushi suele untar un poco de salsa de soja en la parte inferior del pescado y un poco de wasabi en la parte superior del arroz. Además, los bocados de sushi suelen ir directamente de la mano a la boca, sin el espectáculo de equilibrios con los palillos que tanto nos gusta a los europeos. Pruébalo así, ¡disfrutarás! La mala costumbre de mezclar salsa de soja y wasabi en el cuenquito para mojar el sushi está muy mal vista, porque anula el sabor característico de los dos ingredientes.

MAKI Y URA-MAKI

Maki (o nori-maki) son los rollos tradicionales de sushi envueltos en láminas de nori. También es muy popular el ura-maki-sushi (sushi «al revés»), en el que el arroz está en el exterior y la lámina de nori, en el interior. A partir de esta base, a finales de los años sesenta se creó el California Roll con salmón y aguacate.

Tiempo de elaboración: 30 minutos (más aprox. 2 horas de preparación del arroz)

Para 2 x 2 rollos

4 láminas de nori
400 g de arroz para sushi (véanse pp. 47-49)
400 g de lomo de salmón cortado en tiras gruesas y alargadas
80 g de tofu ahumado cortado en tiras
4 espárragos verdes cocidos
Varias tiras de pimiento rojo, crudo o en conserva
Pasta de wasabi (véase p. 11)
½ aguacate, sin hueso, la carne cortada en bastones
3 cdas. de sésamo tostado
Salsa de soja clara y/o oscura
Jengibre encurtido (véase p. 62)

Además:

1 esterilla para sushi
Papel film

Para los rollos de maki, colocar una lámina de nori en una esterilla para sushi con el lado brillante hacia abajo. Cubrir un poco más de la mitad de la lámina hasta los bordes con aproximadamente un cuarto del arroz, presionar con las manos húmedas para aplanar. Poner una tira gruesa de salmón en el centro, o para una versión vegetariana, tiras de tofu ahumado con espárragos verdes y pimiento rojo. Enrollar la esterilla y el maki desde el borde que tiene arroz, formar un rollo y al final apretar la esterilla otra vez. Preparar dos rollos como este.

Para los rollos de ura-maki, poner papel film sobre la esterilla y colocar la lámina de nori encima. Con las manos húmedas, formar una capa fina de arroz sobre la lámina de nori con la mitad que ha sobrado. Cubrir con papel film y dar la vuelta con cuidado de manera que el arroz quede debajo. Retirar el papel film de encima. Colocar una tira gruesa de salmón en el centro, untar ligeramente con wasabi y poner encima los bastones de aguacate. Formar un rollo compacto con ayuda de la esterilla. Al final, volver a apretarla. Preparar dos rollos como este. Hacer rodar los rollos sobre el sésamo tostado.

Cómo degustar el maki:
Cortar los rollos en 6-8 trozos con un cuchillo y disponer en una bandeja. Servir con wasabi, salsa de soja y jengibre encurtido (véase p. 62). Condimentar el maki con un poco de wasabi rallado o pasta de wasabi, después mojar en la salsa de soja y disfrutar. Muchas veces los rollos ya se han preparado con wasabi, así que solo se mojan brevemente en la salsa de soja.

Consejo: Los rellenos pueden modificarse al gusto, por ejemplo con gambas y langostinos, salmón ahumado o pepino. Si utilizas otro pescado o marisco, consulta los consejos *online* para comprar pescado de organizaciones como WWF y Greenpeace. Los rollos de maki pueden prepararse con antelación y conservarse en el frigorífico envueltos en papel film, pero deben servirse el mismo día. Saca los rollos del frigorífico tres cuartos de hora antes de servirlos para que alcancen la temperatura ambiente.

TEMAKI-SUSHI

El temaki es sushi para llevar en prácticos conos, aunque en Japón a nadie se le ocurriría comerlo en la calle. En otros países ya se han abierto las primeras «temakerías» en las que estas cómodas bolsitas se venden en puestos de comida callejera. Dentro de las láminas de nori hay arroz para sushi coronado y relleno con cualquier cosa que se te ocurra.

Tiempo de elaboración: 30 minutos
(más aprox. 2 horas de preparación del arroz)

Para unos 16-20 temaki se necesitan **400 g de arroz para sushi**, preparado y condimentado siguiendo la receta básica de las páginas 47-49. También **8-10 láminas de nori** cortadas por la mitad a lo largo con unas tijeras. Con ayuda de dos cucharas húmedas, separar porciones y darles forma de cono, después colocar en perpendicular en la esquina superior izquierda de la media lámina de nori. Untar ligeramente el arroz con wasabi al gusto (véase p. 11), añadir **jengibre encurtido** (véase p. 62), colocar encima el relleno elegido y enrollar la lámina en forma de canutillo. Pegar el extremo con un grano de arroz.

<u>Rellenos/variantes:</u>
Como se ve en la foto, los temaki se pueden rellenar con salmón crudo y huevas de trucha, o con gambas a la plancha, pepino y mizuna. Pero también con atún y aguacate, con pepino y pato, con mayonesa de miso (véase p. 184)... Es cuestión de creatividad. Mi versión vegetariana también es especialmente deliciosa:

TEMAKI CON TOFU CARAMELIZADO y rábano rojo encurtido

Pelar **200 g de rábano blanco** y cortar primero en rodajas y después en bastones. Salar generosamente y reservar. Mezclar **5 cucharadas de zumo de remolacha** con **2 cucharadas de vinagre de arroz, 1 cucharadita de azúcar** y **una pizca de sal.** Escurrir el rábano salado y sumergir en la vinagreta de remolacha al menos 20 minutos.

Para el tofu caramelizado, cortar **100 g de tofu** en lonchas finas y dorarlas en una sartén con **1 cucharada de aceite.** Añadir **2 cucharadas de salsa de soja dulce** y cocinar hasta que el líquido haya desaparecido y el tofu esté ligeramente caramelizado. Poner el tofu aún caliente y el rábano escurrido sobre el temaki y enrollar.

CHIRASHI-SUSHI

La palabra *sushi* no significa más que «arroz avinagrado», y también puede presentarse tranquilamente en un cuenco como cama sobre la que servir coloridas y deliciosas guarniciones. ¡Eso es el chirashi-sushi!

Tiempo de elaboración: 30 minutos
(más aprox. 2 horas de preparación del arroz)

Para unos 4 cuencos se necesitan **400 g de arroz para sushi**, preparado y condimentado siguiendo la receta básica de las páginas 47-49. Mientras se cuece el arroz, preparar las distintas guarniciones. Preparar siempre las verduras primero y el pescado siempre en último lugar: cortarlo y disponerlo justo antes de servir. El chirashi-sushi perfecto se sirve con arroz templado.

Guarniciones y variantes:
Traducido, *chirashi-sushi* significa «sushi esparcido», y se presenta de las formas más variadas: sobre la aromática montaña de esponjoso arroz para sushi suelen servirse nigiri clásicos, como por ejemplo salmón y atún crudos, adornados con otras coloridas guarniciones que se disponen sobre el arroz de forma decorativa. En la imagen, además del salmón crudo con tiras de nori, huevas de trucha asalmonada y vieiras crudas, también hay:

- 50 g de tirabeques escaldadas brevemente y sumergidas en agua fría

- tiras de tortilla (tamagoyaki, véase p. 118)

- 1 pepino pequeño cortado en rodajas

- 3 gambas cocinas por persona con sésamo negro tostado

- 1 aguacate en rodajas sazonado con un poco de zumo de limón y sal

- rábano en remolacha (véase p. 55)

Jengibre encurtido, salsa de soja, aunque también puede servirse con distintas mayonesas. De hecho, no hay límites a la creatividad, y el chirashi también puede prepararse simplemente con sobras coloridas y saciantes.

BOLITAS DE ARROZ ONIGIRI

Los onigiri, unas bolitas de arroz condimentado con su tradicional forma triangular, son un tentempié muy popular, se incluyen en muchas cajas bento y pueden comprarse en tiendas de alimentación o en restaurantes especializados en onigiri. Suelen estar rellenos o mezclados con verdura, hierbas, pescado, carne o marisco, todo finamente picado. Se venden completamente envueltos en láminas de nori, o se sirven con una tira ancha de nori para que sea más fácil sujetarlos.

Tiempo de elaboración: 30 minutos
(más aprox. 2 horas de preparación del arroz)

Para aprox. 10-20 bolitas de nigiri (60-80 g de arroz por bolita) se necesitan **400 g de arroz para sushi** crudo, que se prepara y se sazona siguiente la receta básica de las páginas 47-49. A partir de aquí se complica la cosa, porque en Japón se venden moldes de plástico expresamente para formar onigiri. Yo suelo simplificar y formar bolitas más bien redondas con las manos húmedas, aplanarlas un poco y envolverlas con una tira ancha de **lámina de nori**. Para este libro me he atrevido con tres interpretaciones modernas poco habituales que probé en un mercado en Londres.

ONIGIRI DE ESPINACAS Y TRUCHA ASALMONADA

Limpiar **100 g de espinacas**, secar con un escurridor de lechuga. Pelar **10 g de jengibre** y rallar fino. Calentar **1 cucharada de aceite** es una sartén. Poner las espinacas y el jengibre, reducir sin dejar de remover, **salar** y enfriar rápidamente en un plato en el congelador. Limpiar **2-3 lonchas de trucha asalmonada ahumada o macerada**, secar y picar fino. Escurrir las espinacas y picar. Mezclar todo con ⅓ del arroz.

ONIGIRI DE GUISANTES Y TRUCHA AHUMADA

Cocer **1 cucharada de guisantes (congelados)** en agua con sal, cortar la cocción con agua fría y secar sobre papel de cocina. Picar muy fino **125 g de trucha ahumada**. Mezclar todo con ⅓ del arroz, **una pizca de ralladura de limón ecológico** y **una pizca de wasabi** (véase p. 11).

ONIGIRI DE GAMBAS Y PIMIENTO ROJO

Pelar **2-3 gambas** excepto el último trozo, retirar las tripas y picar muy fino con un cuchillo. Saltear brevemente en una sartén con **1 cucharada de aceite** caliente. Dejar enfriar. Mientras tanto, escurrir **30 g de pimientos en conserva** y picar en daditos. Picar **varios tallos de cebollino**. Mezclarlo todo con ⅓ del arroz y **una pizca de pasta de wasabi** (véase p. 11)

SASHIMI

El sashimi es muy apreciado en Japón. Para preparar este plato, el pescado recién capturado se filetea, se corta y se dispone en abanico. Las técnicas tradicionales de corte son esenciales, ya que dependiendo del tipo de corte el pescado sabe distinto y produce una sensación diferente en la boca. En la foto se ve el salmón cortado de dos formas distintas, además de vieiras crudas y lucioperca. El grosor del corte suele ser de 0,5-1 cm. En Japón se calculan 5-6 rodajas de sashimi por persona, y no más de 100-150 gramos por ración.

Sashimi:
Las guarniciones clásicas de las bandejas de sashimi son las hojas de shiso *(Perilla)*, mizuna, rábano rallado o cortado muy fino, brotes de daikon y jengibre encurtido (véase p. 62). También he incluido en el plato pepino fresco y rábanos crujientes (suaves). En Japón, los platos de sashimi siempre se disponen con mucho cuidado para que resulten atractivos, son pequeñas obras de arte. Siempre se sirven acompañados de wasabi y salsa de soja. Además de la salsa de soja clásica, también suelen mojarse en otras salsas como por ejemplo la salsa de soja tosa, aromatizada con copos de bonito. Con el sashimi pueden servirse asimismo salsas de soja con sésamo tostado o salsa ponzu shoyu (véase p. 10).

Cómo degustar el sashimi:
Se toma un bocado de pescado y, con un palillo, se le pone encima un poco de wasabi rallado o pasta de wasabi, a continuación se moja en la salsa de soja y se disfruta solo o con la guarnición.

Selección y calidad del pescado:
Lo más importante es utilizar pescado recién capturado, lo mejor es encargarlo en la pescadería. Son adecuados para el sashimi el salmón, la trucha asalmonada, el lucioperca, el lenguado, la brema, el atún, la caballa, las gambas y las vieiras, entre otros. Ten siempre en cuenta los consejos *online* para compras de pescado de organizaciones como WWF y Greenpeace.

GARI
Jengibre para sushi casero

Tiempo de elaboración: 25 minutos

150 ml de vinagre de vino blanco o 200 ml de vinagre de arroz (en este caso yo prefiero el de vino blanco por su mayor acidez)
50 ml de zumo de manzana (o de remolacha)
100 g de azúcar
Sal
350 g de jengibre

En Japón, el jengibre encurtido suele servirse con el sushi, el sashimi y también como guarnición para otros muchos platos. Abre el apetito, tiene un sabor fresco y estimulante, es bueno para el estómago e incluso tiene propiedades antisépticas. ¡Si es casero es especialmente delicioso! Se ve incluso a primera vista: en la foto, arriba a la izquierda se ve el pálido jengibre encurtido del supermercado, a la derecha las versiones caseras.

Llevar a ebullición el vinagre con el zumo de manzana (para la versión rosa, utilizar zumo de remolacha), el azúcar y 1 cucharadita rasa de sal. Pelar el jengibre. La forma más fácil y ahorradora es hacerlo con el canto de una cucharita de café, si tienes prisa puedes utilizar un pelador. Cortar el jengibre en láminas lo más finas posibles y cocerlas en la mezcla del vinagre durante 1 minuto.

Poner el jengibre en botes de cristal con goma o tapa de rosca, llenarlos hasta el borde con el líquido caliente y cerrar bien. Dejar enfriar por completo boca abajo sobre un trapo de cocina doblado. El jengibre encurtido de este modo se conserva bien durante meses, ¡de hecho mejora con el tiempo! Una vez abierto, hay que guardarlo en el frigorífico, pero también así aguanta mucho tiempo.

Tempura

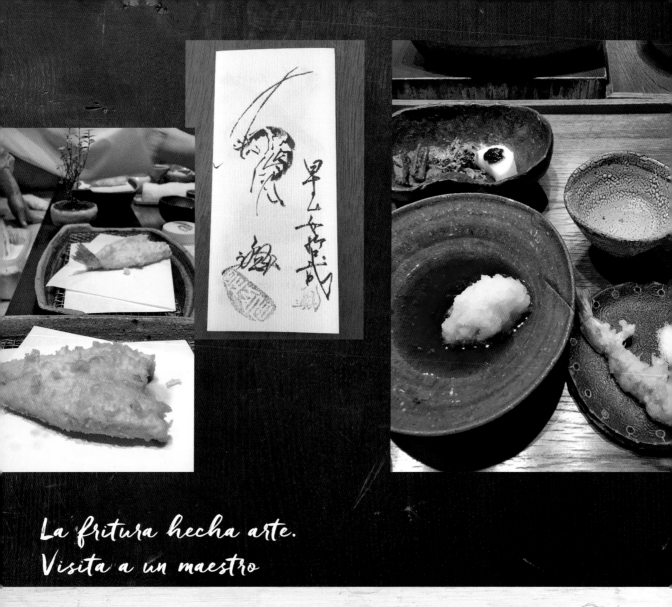

La fritura hecha arte. Visita a un maestro

El maestro de la tempura Tetsuya Saotome prefiere trabajar en completo silencio, y sus clientes lo respetan. En cuanto entramos en el restaurante Mikawa Zezankyo, comenzamos a susurrar sin darnos cuenta. Hay calma, en la sala reina una majestuosa solemnidad. Se oye música suave de piano, el crepitar de la fritura. Trajinar concentrado. El golpeteo tímido de los palillos. Los camareros observan cada movimiento de los comensales que ocupan las nueve plazas en total. Por lo demás, todo es tranquilidad. Los clientes disfrutan en silencio. El mejor restaurante de tempura de Tokio tiene cierto aire sagrado. Y podría considerarse que el tierno calamar ha sido bendecido al salir de la freidora envuelto en un sutil manto crujiente.

Pero antes se fríen las gambas y se sirven con verdura fermentada, salsa de soja y rábano rallado. Esto también es cocina de producto, las gambas son de una calidad extraordinaria, el rebozado es fino y dorado. Lo mismo sucede con el calamar ika que ya he mencionado, cuya textura seguramente solo puede lograrse después de décadas de aprendizaje. También se sirven las cabezas limpias de las gambas, crujientes como patatas fritas, al principio me estremezco pero después las disfruto. Después de un reconfortante caldo de hierba mitsuba, llegan las crujientes hojas de shiso fritas que antes se han rellenado con huevas de erizo, y a continuación, pescaditos fritos.

Es cuestión de matices, de detalles de gran importancia

Sí, efectivamente esa noche comemos «solo» fritos, pero eso aquí significa alcanzar un grado de disfrute

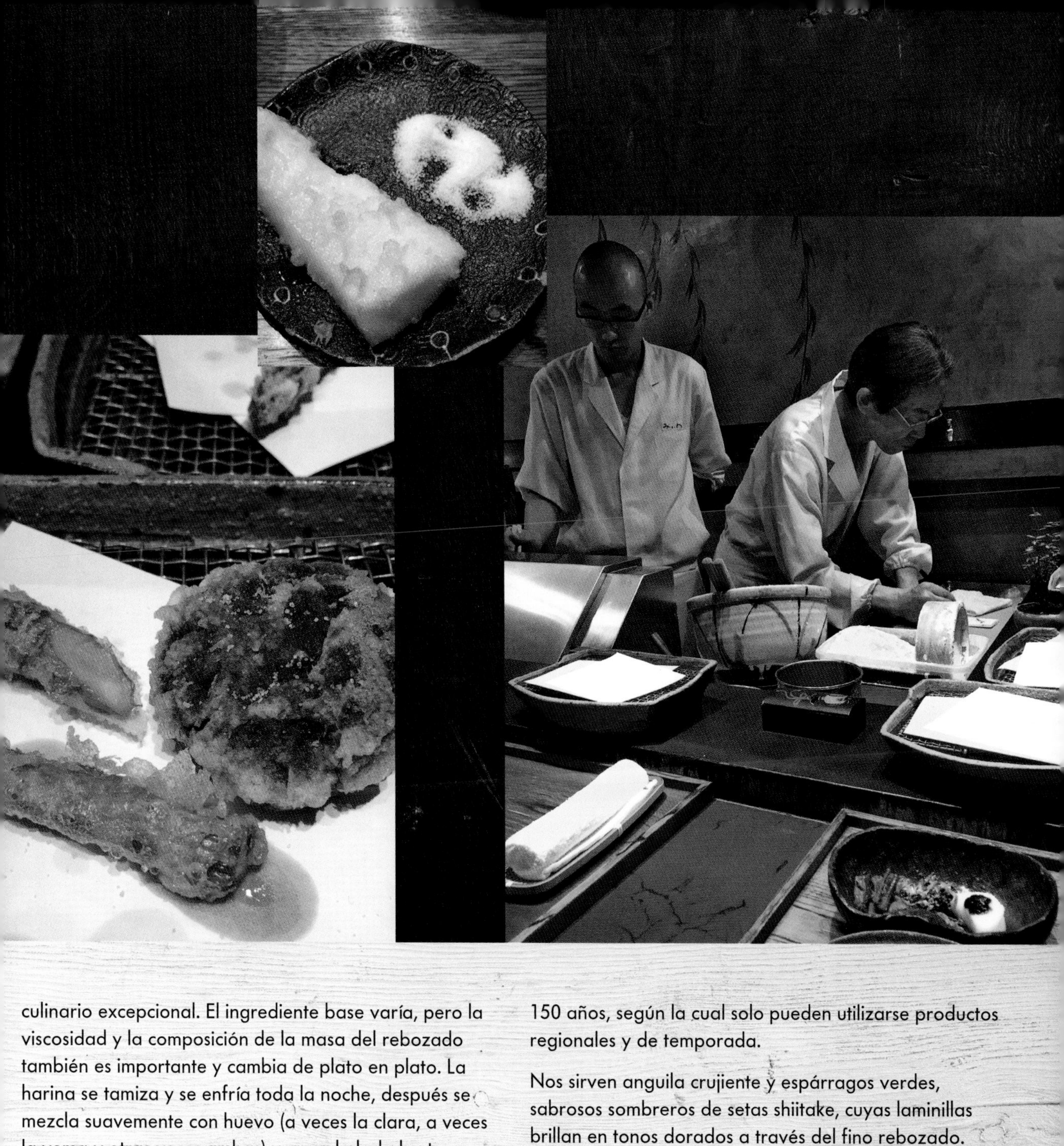

culinario excepcional. El ingrediente base varía, pero la viscosidad y la composición de la masa del rebozado también es importante y cambia de plato en plato. La harina se tamiza y se enfría toda la noche, después se mezcla suavemente con huevo (a veces la clara, a veces la yema y otras veces ambas) y agua helada hasta alcanzar la consistencia deseada. La composición de la mezcla de aceites de la casa (normalmente aceite vegetal con una parte de aceite de sésamo) y su temperatura al freír son aspectos muy importantes. También se siguen ciertas reglas a la hora de servir y disponer los platos. El tiempo es otro factor: estas obras de arte de filigrana frita deben llegar al comensal en cuestión de segundos. Así de simple y así de complejo, es cuestión de matices, de detalles de gran importancia. Además, el maestro Tetsuya Saotome sigue la antigua estricta tradición culinaria Edomae, que tiene más de 150 años, según la cual solo pueden utilizarse productos regionales y de temporada.

Nos sirven anguila crujiente y espárragos verdes, sabrosos sombreros de setas shiitake, cuyas laminillas brillan en tonos dorados a través del fino rebozado. Y la traca final: el maestro saca de la freidora unas bolitas que después se sumergen en un caldo dashi y se deshacen; una mezcla de masa similar a la del pan con carne de marisco. Seguimos sus instrucciones, añadimos wasabi recién rallado al caldo y comemos a cucharadas con devoción. El postre es toda una sorpresa. Dos habas rojas gigantes cocidas y espolvoreadas con azúcar glas; ni más ni menos, inesperadamente delicioso. Y al final de la velada el silencioso señor Saotome dibuja con tinta china un animalito en la carta de cada comensal. Para llevar. Japón, ¡qué maravilla!

VERDURA EN TEMPURA

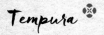

Un rebozado dorado y casi transparente envuelve la crujiente verdura. Este delicado arte no tiene absolutamente nada que ver con los rebozados europeos, y sin embargo estos son su origen: los marineros y misioneros portugueses y españoles llevaron esta técnica culinaria a Japón a finales del siglo XVI. La tempura siempre se prepara al momento cuando todo el mundo ya está sentado a la mesa.

La verdura:

La verdura hay que prepararla de antemano, para 4 personas por ejemplo: 80 g de brócoli limpio, 1 manojo de espárragos verdes con el extremo inferior pelado y partidos en tres, varias minimazorcas de maíz cortadas por la mitad a lo largo, 8 setas shiitake limpias y sin tallo, 100 g de colinabo pelado y cortado en rodajas finas, 80 g de tirabeques y 4 hojas de mizuna.

El aceite de fritura:

Calentar abundante aceite de fritura, por ejemplo de cacahuete o de colza, en la freidora o en una cazuela alta y estrecha hasta que alcance los 160-170 °C. La masa no se prepara hasta que el aceite se esté calentando.

La masa:

Este es el secreto de una buena tempura. El agua de la masa debe estar fría. Lo mejor es mezclar agua con cubitos de hielo, esperar un rato y después sacar 250 ml de agua helada. A continuación pasar por un colador fino junto con 1 huevo frío (L) y mezclar hasta que esté homogéneo. Entonces añadir 150 g de harina tamizada de una sola vez y mezclar de forma irregular con palillos o un tenedor. La masa puede y debe tener algunos grumos, eso es lo que la diferencia de la masa de rebozado de gabardina.

La fritura:

El aceite habrá alcanzado la temperatura perfecta cuando una gota de masa se hunda enseguida hasta el fondo y después ascienda rápidamente otra vez, y el aceite burbujee en los bordes de la gota. Si la muestra de masa solo se hunde un poco y vuelve a subir, el aceite está demasiado caliente. La verdura debe estar completamente seca. Preparar un plato con harina y otro con la masa. Pasar ligeramente por la harina cada pieza de verdura, sacudir la harina sobrante, después sumergir en la mezcla de la masa, escurrir y freír pocos minutos en el aceite. Lo ideal es que el rebozado casi no coja color. Escurrir brevemente la verdura frita en papel de cocina, salar y servir.

Cómo degustar la tempura:

La manera clásica de servir la verdura en tempura es con rábano rallado (véase p. 92) y salsa de soja. Pero también está deliciosa con salsa ponzu shoyu (véase p. 10), mayonesa japonesa (véanse pp. 8-10) y otras salsas para mojar. Yo recomiendo la salsa de sésamo (véase p. 38), la mayonesa de miso (véase p. 184) o la mayonesa picante (véase p. 87).

GAMBAS EN TEMPURA

Naturalmente, con el método descrito en la página 68 también pueden freírse dados de pescado o gambas. Es importante que el ingrediente esté completamente seco antes de pasarlo por la harina y la masa para después freírlo.

Para la masa de tempura para gambas, mezclar **50 ml de agua helada** con **50 ml de sake** muy frío (véase p. 10) y **1 clara de huevo** un poco montada con **una pizca de sal.** Entonces añadir **50 g de harina tamizada** de una sola vez y mezclar de forma irregular con palillos o un tenedor. En este caso también se aplica la misma regla: la masa puede y debe tener algunos grumos, eso es lo que la diferencia de la masa de rebozado de gabardina.

Con la yema de huevo que sobra puede prepararse una mayonesa (véase p. 9). Para acompañar las gambas en tempura he preparado una salsa con **5 cucharadas de mayonesa, ½ cucharadita de wasabi en polvo** (véase p. 11), **un chorrito de aceite** y **una pizca de sal.** Pueden servirse unas **5 gambas pequeñas** por persona como aperitivo.

Freír las gambas siguiendo las indicaciones de la página 68 y servir con la mayonesa de wasabi.

CALDO DE TEMPURA

Estas tortitas de tempura con shiitake y cebolleta servidas en caldo caliente son un plato muy especial. Recuerda un poco a las sopas con tropezones de nuestra infancia, pero es mucho más aromático.

Para el caldo:
Puede utilizarse cualquiera de los caldos de este libro, por ejemplo los de verduras o pollo (véase p. 16) o los sabrosos caldos de miso, shio o shoyu del capítulo de sopas de ramen, a partir de la página 27.

Para las tortitas en tempura:
Para la masa de tempura, mezclar **100 ml de agua helada** con **2 cucharadas de sake** muy frío (véase p. 10) y **2 claras de huevo** un poco montadas con **una pizca de sal**. Entonces añadir **60 g de harina tamizada** de una sola vez y mezclar de forma irregular con palillos o un tenedor. En este caso también se aplica la misma regla: la masa puede y debe tener algunos grumos, eso es lo que la diferencia de la masa de rebozado de gabardina.

Limpiar **4 cebolletas finas** y cortar en rodajas finas, limpiar **80 g de setas shiitake**, quitar el tallo y picar en trozos pequeños. Mezclar las setas y la cebolleta con la masa.

Verter cucharadas de la masa en el **aceite caliente** y freír durante 3-4 minutos siguiendo las indicaciones de la página 68. Escurrir sobre papel de cocina y sumergir en el caldo caliente. Servir enseguida.

Acompañar el caldo de tempura con **rábano rallado** (véase p. 92) y **wasabi** (véase p. 11); el wasabi se mezcla al gusto en el caldo para aportar un toque picante.

ローストビーフ
アップル
ベーコン
SALE
SALE
豚肉の
味噌煮込み
りんごのベーコン
¥1,050-
¥900-
豚肉の味噌煮込み
¥1,300-
¥1,000-
牛肉
100g 330円
牛肉
100g 860円
牛ロース
100g 1,300円

La parrilla de Japón

Cocina al fuego entre la tradición y la modernidad

La cocina del fuego japonesa, *yakimono*, en la que se utiliza un fuego abierto para aprovechar el calor seco y los tiempos de cocción cortos, está profundamente enraizada en la filosofía culinaria del país. Ya en la antigüedad, todas las casas japoneses tenían un *irori*, un hogar cuadrado encajado en el suelo lleno de arena en el centro del cual se encendía un fuego. La comida se pinchaba en brochetas que se clavaban en la arena y se cocinaban al fuego. Sobre las llamas había también una cazuela que colgaba del techo en la que se preparaban sopas o guisos. Tradicionalmente, en Japón suelen prepararse a la parrilla brochetas con pedazos pequeños de comida, los cuchillos están prohibidos en la mesa; los pescados y carnes con hueso suelen prepararse junto a la mesa y cortarse en bocados antes de servirse.

Antiguamente sobre todo se cocinaba a la parrilla el pescado, el marisco y la verdura, la carne no estaba permitida por motivos religiosos. Con el fin del dominio de los sogún a finales del siglo XIX, Japón, que había estado aislado hasta entonces, se abrió a las culturas occidentales. Durante la era Meiji no solo se popularizó el consumo de carne, sino que se adoptaron influencias y métodos culinarios muy diversos. Hoy en día, la parrilla japonesa es una de los pilares gastronómicos que mejor

representa la continuidad y la transformación: tiene raíces tradicionales y sin embargo es moderna y cosmopolita. Comprende desde las clásicas brochetas yakitori y teriyaki hasta los filetes y chuletas pasando por la hamburguesa, que también es muy apreciada en Japón.

A cambio, el gusto japonés por la carne ha obsequiado al mundo más adelante con productos tan deliciosos como la carne de vacuno marmolada Wagyu y el delicado buey de Kobe de la raza Tajima-Ushi, de las prefecturas de Hyogo, Yamagata, Kobe y Matsusaka. Esta carne tiene una fama legendaria entre los sibaritas. De textura robusta pero delicada, la carne de Kobe se deshace en la boca y su sabor llena el paladar de un dulzor como de nuez. Estos animales no reciben masajes a diario ni beben cerveza, como se cuenta por ahí, pero sí crecen en un entorno tranquilo y al principio se alimentan solo de hierba y agua potable antes de que comience el engorde con salvado de trigo, cebada, nabo, patata, maíz y soja, que dura veinte meses y se realiza en establos abiertos. Naturalmente esto tiene su precio, pero otros granjeros también tienen terneras estupendas, y en las siguientes páginas también encontrarás recetas de parrilla yakimono y de estilo occidental para pollo, cerdo, verdura y pescado.

TATAKI

El tataki es una manera de preparar el atún según la cual los lomos de atún crudo y fresco se cocinan a fuego fuerte por todos lados y después se sirven al estilo del sashimi con salsa de soja y wasabi. Para proteger al amenazado atún, te presento un tataki de ternera tierno e igualmente delicioso. ¡Todo un descubrimiento! Como sucede con el atún, la calidad de la carne es determinante para el plato.

Tiempo de elaboración: 20 minutos

250 g de solomillo de ternera o vaca
Pimienta negra recién molida
3 cucharadas de aceite para cocinar
100 g de lechuga a tu elección (la de la foto es mesclun)
2 cdas. de salsa de soja más un poco para mojar
4 cdas. de dashi (véase p. 21)
Salsa picante dulce
2 cdas. de vinagre de arroz o 1-2 cdas. de vinagre de vino blanco
2-3 cdas. de aceite de girasol
1 gota de aceite de sésamo
Sal
1-2 cebolletas rojas o blancas
Pasta de wasabi al gusto (véase p. 11)

Sazonar la carne con la pimienta y asarla durante 2-3 minutos en una parrilla sobre brasas muy calientes. También se puede calentar a mucha temperatura el aceite en una sartén grande antiadherente y cocinar a la plancha la carne por todos lados durante 2-4 minutos en total. En ambos casos, poner la carne en un plato y meter un par de minutos en el congelador para detener rápidamente la cocción.

Limpiar la lechuga y secar en el escurridor. Preparar una vinagreta con la salsa de soja, el dashi, un poco de salsa picante al gusto, vinagre, aceite de girasol y aceite de sésamo, y salarla un poco. Limpiar las cebolletas, cortar en aros finos y salar también.

Cortar la carne en lonchas finas, disponer en una bandeja superponiendo un poco las rodajas y espolvorear con los aros de cebolleta. Aliñar la lechuga con la vinagreta y poner junto a la carne. Servir con salsa de soja y wasabi.

Consejo: También puede acompañarse de otras salsas, como por ejemplo salsa ponzu shoyu (véase p. 10), salsa picante dulce (véase p. 131), mayonesa japonesa (véase p. 9) o mayonesa de miso (véase p. 184).

YAKITORI DE POLLO

En la estación central de Tokio, Tokyo-eki, acabé casi por casualidad en un restaurante especializado en pollo cuyo extenso menú presentaba muchísimos platos en los que de verdad se utilizaban todas las partes del pollo, incluidas las tripas. Me gustaron especialmente las brochetas de corazones de pollo, puro músculo delicado de textura agradable al mordisco y de sabor suave, acompañadas por un yakitori de pechuga de pollo con puerro a la parrilla.

Tiempo de elaboración: 20 minutos

200 g de corazones de pollo
4 cebolletas finas
400 g de pechugas de pollo (sin piel)
2 cdas. de sake o jerez seco
1 cdta. de zumo de limón más un poco para rociar
1 cda. de salsa de soja clara
100 g de col china
1 cda. de vinagre de arroz
3 cdas. de aceite más un poco para cocinar
1-2 gotas de aceite de sésamo o de nuez
Sal
1 puñado de hojas de daikon, al gusto
Sal marina fina, copos de sal marina o escamas de sal
Pimienta negra recién molida

Además:
8 brochetas

Cortar los corazones de pollo por la mitad a lo largo y lavar con abundante agua fría, cambiando el agua dos veces. Secarlos y ensartarlos en cuatro brochetas. Lavar las cebolletas finas, cortar en trozos de unos 3 centímetros de largo. Limpiar la carne de pollo, secarla y cortarla en dados del tamaño de un bocado. A continuación, marinar en sake, zumo de limón y salsa de soja. Ensartar en las brochetas alternando el pollo con la cebolleta.

Limpiar la col china y cortar en juliana. Preparar una vinagreta con el vinagre, el aceite y el aceite de sésamo, y salar ligeramente. Retirar las hojas del rábano daikon.

Las brasas deberían ser homogéneas y estar al rojo vivo, cubiertas por una fina capa de ceniza. Untar las brochetas con un poco de aceite y poner sobre la parrilla. Cocinar las brochetas de corazones 2-3 minutos por cada lado, voltear una sola vez. Después rociar con gotas de limón, salpimentar y reservar en caliente. Cocinar las brochetas de pollo y cebolleta durante 6-8 minutos volteando a menudo, y salar.

Aliñar la lechuga con la vinagreta, decorar con las hojas de daikon y servir junto al dúo de brochetas.

Consejo: Las brochetas también pueden cocinarse en una sartén con poco aceite. Van muy bien con salsas como por ejemplo la mayonesa japonesa (véase p. 9) o la mayonesa de miso (véase p. 184), la salsa ponzu shoyu (véase p. 10) o la salsa picante dulce (véase p. 131).

YAKITORI DE SALMÓN
con ensalada de wakame y pepino

Este plato me recuerda al mar: la ensalada fresca de pepino y alga wakame acompaña al salmón dorado al estilo yakitori que, gracias a haberlo salado previamente, adquiere una consistencia firme y carnosa.

Tiempo de elaboración: 40 minutos

4 lomos de salmón de 125-150 g
Sal marina
15-20 g de alga wakame
4 pepinos ecológicos pequeños
1-2 cdas. de vinagre de arroz o 1 cda. de vinagre de vino blanco
1 cdta. de aceite más un poco para cocinar
50 ml de salsa de soja
2 cdas. de dashi (véase p. 21)
2 cdas. de sake o jerez seco
1 cda. de azúcar

Además:
24 brochetas

Cortar los lomos de salmón en tres, espolvorear con sal por todos lados y dejar reposar 30 minutos. Picar muy fina la alga wakame con tijeras de cocina, después poner en un cuenco con agua caliente y dejar a remojo 10 minutos. Limpiar los pepinos y cortar en rodajas. Salar abundantemente y añadir el vinagre. Dejar reposar 20 minutos y después añadir el aceite y el alga wakame escurrida. Guardar tapado en el frigorífico hasta servir.

Preparar la salsa yakitori mezclando en una cazuela la salsa de soja, el dashi, el sake y el azúcar. Calentar, llevar a ebullición y apartar. Limpiar el salmón con agua fría para aclarar la sal. Secar con papel de cocina y ensartar en dos brochetas paralelas. Intentar poner en las brochetas trozos del mismo tamaño para que después se cocinen uniformemente.

Cocinar las brochetas a la brasa 2-3 minutos por cada lado. Si no, calentar aceite en una sartén y cocinar las brochetas de salmón 3-4 minutos por cada lado según el tamaño. Servir con la ensalada de pepino y la salsa yakitori.

SALMÓN TERIYAKI

Este salmón a la sartén es una delicia; con pocos ingredientes y condimentos aromáticos se obtiene una carne tierna con la piel crujiente. Para acompañar, una simple ensalada verde o un cuenco de arroz, nada más.

Tiempo de elaboración: 20 minutos

4 filetes de salmón de 150 g cada uno (con piel, sin escamas ni espinas, listo para cocinar)
3 cdas. de sake o jerez seco
1 cda. de zumo de limón
Sal
1 diente de ajo
20 g de jengibre
50 ml de salsa de soja suave
1 cdta. de vinagre de arroz o un chorrito de vinagre de vino blanco
1 cda. de sésamo blanco
2 cebolletas finas rojas o blancas
3 cdas. de aceite para cocinar

Lavar el salmón y secar. Frotar con una mezcla de 1 cucharada de sake y zumo de limón, espolvorear la piel con sal. Pelar el ajo y el jengibre, rallar fino y mezclar con la salsa de soja, 2 cucharadas de sake y el vinagre de arroz para obtener una salsa de estilo teriyaki.

Tostar el sésamo en una sartén sin aceite, limpiar las cebolletas y picar fino. Calentar la sartén y cocinar el salmón por el lado de la piel durante 4 minutos, hasta que esté crujiente. Dar la vuelta y cocinar 2 minutos más por el lado de la carne. Verter la salsa en la sartén, llevar a ebullición y bañar el pescado en ella durante 30 segundos. Servir el salmón teriyaki espolvoreado con la cebolleta y el sésamo.

TERIYAKI DE SHISHITO Y DE SHIITAKE

En Japón también conocen los pimientos del Padrón, a los que llaman *shishito*. Son un poco más grandes, pero al igual que sus parientes europeos de origen gallego, suelen ser suaves hasta que se da con uno extremadamente picante. ¡El que tuerza el gesto paga la siguiente ronda!

Tiempo de elaboración: 25 minutos

Salsa sriracha*
6-8 cdas. de mayonesa
Sal
Un chorrito de vinagre de arroz o de vino blanco
20 shishito o pimientos del padrón
8 setas shiitake grandes y gruesas
Salsa teriyaki (véase p. 10)

Además:
20 brochetas

Para la mayonesa, mezclar salsa sriracha* con la mayonesa y condimentar con sal y vinagre.

Limpiar los shishito y ensartar en las brochetas. Limpiar las setas shiitake, retirar los tallos, cortar los sombreros por la mitad y ensartar en dos brochetas paralelas.

Cocinar las brochetas sobre brasas suaves volteando de una a tres veces. Los shishito necesitan entre 4-6 minutos en total, las setas 2-4 minutos por cada lado. También pueden hacerse en la sartén con un poco de aceite durante el mismo tiempo. Salar las brochetas y servir con la mayonesa de sriracha y la salsa teriyaki.

Para vegetarianos: También pueden utilizarse otras setas como champiñones o setas ostra, o verduras como puerros jóvenes, calabacines. berenjenas, calabaza, pimientos... Combínalos con tofu o seitán.

* La salsa picante sriracha celebra desde hace años su desfile triunfal por todo el mundo. Esta salsa elaborada en California siguiendo una receta vietnamita también se encuentra en los supermercados bien surtidos de nuestro país. Su sabor suave y afrutado (al menos en su versión suave del tapón verde) es único y muy popular, también en Japón.

TONKATSU

Esta receta es un clásico de la cocina yoshoku, inspirada en las cocinas de los inmigrantes occidentales a partir del siglo XVIII. En 1899, el chef japonés Kida Motojiro fue el primero en freír al estilo de la tempura este filete fino de cerdo empanado. El tonkatsu suele servirse con ensalada de col y salsa tonkatsu, una sabrosa variante del kétchup.

Tiempo de elaboración: 1 hora más 20 minutos para el filete

Para la salsa tonkatsu:

1 cebolla
Sal
4 cdas. de aceite para cocinar
20 g de jengibre
1 diente de ajo
100 g de kétchup
50 g de puré de manzana
2 cdas. de salsa de soja
1 cdta. de mostaza picante
1 cda. de mermelada de ciruela
Una pizca de canela
Una pizca de nuez moscada
Una pizca de pimienta de Cayena
Una pizca de pimienta de Jamaica
Pimienta negra recién molida

Para el filete tonkatsu:

4 filetes finos de cerdo de unos 100 g cada uno
1 huevo (L)
4 cdtas. de salsa de soja dulce (para alternativas, véase p. 10)
3 cdas. de harina
150 g de panko (véase p. 9, si no, pan rallado de pan blanco sin corteza)
Aceite para cocinar
Sal

Para la salsa tonkatsu, pelar las cebollas, picar en dados y salar. Dorar y pochar en una cazuela con aceite durante 8-10 minutos a fuego medio. Pelar el jengibre y el ajo y rallar fino. Añadir a la cebolla, mezclar también el kétchup, el puré de manzana, la salsa de soja, la mostaza y la mermelada de ciruela, y llevar a ebullición. Condimentar con canela, nuez moscada, pimienta de Cayena, pimienta de Jamaica, pimienta negra y sal. Triturar la salsa con la batidora de mano y dejar enfriar.

Para el tonkatsu, limpiar el filete de cerdo y secar, cortar por la mitad a lo largo sin llegar al final y abrir en forma de mariposa. Batir el huevo con 1 cucharada de agua. Untar ligeramente la carne con salsa de soja, después pasar por la harina, sacudir y sumergir en el huevo. Escurrir, pasar por el pan rallado panko y presionar.

Cubrir el fondo de una sartén grande con aceite y calentar, cocinar el filete a fuego medio 3-4 minutos por cada lado hasta que se dore (en Japón se dice *kitsune iro*, que podría traducirse por «el color del zorro»). Escurrir brevemente sobre papel de cocina y salar después.

Servir el filete con la salsa tonkatsu y la ensalada japonesa de col (véase p. 174).

Consejo: La salsa tonkatsu también es perfecta para acompañar un bistec (véase p. 92), una hamburguesa (véase p. 102), el teba shichimi (véase p. 127), el karaage (véase p. 134) o el tamagoyaki (véase p. 118).

KATSU SANDO

El katsu sando es uno de los sándwiches preferidos en Japón. Suele encontrarse en las cajas de bento y en las máquinas expendedoras de comida, se vende en las secciones de alimentación de los grandes almacenes, pero también como comida para llevar en estaciones y aeropuertos. La base es el tonkatsu (véase p. 88), un filete de cerdo empanado que se sirve entre dos esponjosas rebanadas de pan con su acompañamiento clásico, ensalada japonesa de col y salsa tonkatsu (véase p. 88).

Tiempo de elaboración: 20 minutos

4 filetes pequeños de lomo de cerdo, de aprox. 50 g
1 huevo (L)
2 cdas. de harina
120 g de panko (véase p. 9, si no pan rallado de pan blanco sin corteza)
Aceite para cocinar
Sal
8 rebanadas de pan de molde
Mostaza
8 cdtas. de salsa tonkatsu (véase p. 88)
100 g de salsa de col japonesa (véase p. 174)

Aplanar el filete de cerdo entre dos láminas de papel film. Batir el huevo con 1 cucharada de agua en un plato hondo. Preparar dos platos con harina y panko. Pasar el filete por la harina, sacudir y sumergir en el huevo batido. Escurrir el filete, pasar por el panko y presionar bien para que el pan rallado se pegue.

Cubrir el fondo de una sartén grande con aceite y calentar, freír el filete a fuego medio hasta que se dore. Escurrir brevemente en papel de cocina y salar después.

Untar el pan de molde con una fina capa de mostaza en grano, untar cuatro de las rebanadas también con salsa tonkatsu, después poner encima la mitad de la ensalada y el filete, ya un poco enfriado. Cubrir con la ensalada sobrante y tapar con el resto de las rebanadas.

Apretar un poco los sándwiches y envolver en papel film de forma compacta. Antes de servir, cortar por la mitad cuando aún están envueltos en el papel film, después retirar el plástico y servir.

FILETE JAPONÉS con daikon oroshi

Daikon oroshi significa «rábano rallado», un acompañamiento fresco y picante de muchos de los platos de la cocina japonesa, muy apreciado también por el contraste frío-caliente. En este caso, el rábano condimenta unos dados de lomo a la plancha para dos, junto con una salsa de mantequilla y miso.

Tiempo de elaboración: 20 minutos

350 g de lomo de ternera
150 g de rábano
Sal
Un chorrito de vinagre de arroz o de vino blanco
1 cebolla
1 cebolleta fina
3 cdas. de aceite para cocinar
100 ml de caldo de ternera
1 cda. de pasta miso clara
1 cda. de mantequilla

Calentar el horno a 60 °C.

Cortar la carne en 10-12 dados grandes, que deberían estar a temperatura ambiente. Pelar el rábano y rallar fino, sazonar con sal y vinagre y reservar. Pelar la cebolla y cortar en juliana. Limpiar las cebolletas y picar en aros finos.

Calentar el aceite en una parrilla antiadherente grande y cocinar la carne 4-6 minutos (entre medio y muy hecha), salar y conservar caliente en el horno. Rehogar la cebolla en la grasa de la carne, cubrir con caldo y llevar todo a ebullición.

Añadir la pasta miso y la mantequilla y mezclar con varillas hasta que la mantequilla se haya derretido y la salsa esté un poco ligada. Escurrir un poco el rábano, que conserve un poco de humedad. Disponer la carne en platos precalentados y rociar con la salsa. Añadir el rábano y coronar con los aros de cebolleta. Servir enseguida.

ENTRECOT
con aguacate y wasabi

Este entrecot servido con crema de aguacate y wasabi y ensalada de espinacas es uno de los reyes de la parrilla japonesa. ¡Un banquete para dos personas! Para un resultado perfecto, la carne debería estar a temperatura ambiente antes de cocinarla, y debería prepararse una bandeja en el horno a 60 °C para servirla.

Tiempo de elaboración: 50 minutos (más 30 minutos de marinado)

1 aguacate
1 lima
Pasta de wasabi (véase p. 11)
Sal
100 g de espinacas
2 cdas. de vinagre de arroz o 1-2 cdas. de vinagre de vino blanco
2 cdas. de dashi (véase p. 21)
1 cda. de salsa de soja clara, suave
1-2 cdas. de sirope de jengibre (o 1 cdta. de miel)
2 cdas. de aceite de girasol más un poco para cocinar
1 cebolla roja pequeña
1 cdta. de sésamo
1 entrecot (aprox. 600-650 g)

Para la crema de aguacate y wasabi, cortar el aguacate por la mitad, retirar el hueso, extraer la carne con una cuchara y poner en un bol. Rociar con el zumo de la lima, añadir una porción de pasta de wasabi del tamaño de un guisante y aplastar todo con un tenedor. Salar.

Limpiar las espinacas y secar en el escurridor de lechuga. Para la vinagreta, mezclar el vinagre, el dashi, la salsa de soja, el sirope de jengibre y el aceite, y salar ligeramente. Pelar la cebolla, cortar en juliana y añadir a la vinagreta. Tostar el sésamo en una sartén sin aceite.

Las brasas deberían ser homogéneas y estar al rojo vivo, cubiertas por una fina capa de ceniza. Frotar la carne con un poco de aceite y poner en la parrilla. Cocinar 3-4 minutos por cada lado (cocción media), voltear solo una vez. Salar. Dejar reposar 2-3 minutos en el borde de la parrilla o en el horno precalentado a 60 °C, voltear una vez.

Mezclar las espinacas con la vinagreta y espolvorear con el sésamo. Separar la carne del hueso y cortar en lonchas gruesas, servir con el hueso en una bandeja precalentada con la ensalada y el puré de aguacate.

Consejo: El entrecot también puede cocinarse en la sartén con 4 cucharadas de aceite. El tiempo necesario será el mismo. Si te gusta la carne más hecha, añade 1-2 minutos de cocción.

PANCETA DE CERDO
tierna y crujiente

La panceta perfecta. Es tan tierna que prácticamente se deshace al cortarla, pero la corteza es crujiente. Esta panceta es deliciosa servida sobre arroz con verdura o lechuga, aunque también acompaña y decora las sabrosas sopas de fideos ramen.

Tiempo de elaboración: 15 minutos (más 75 minutos y 90 minutos de horno)

Aprox. 1,4 kg de panceta
Sal
Agua caliente con mucha sal (aprox. 3 cdas. de sal para 1 ½ l de agua)

Precalentar el horno a 135 °C. Limpiar la panceta con agua, secar y frotar con sal. Con un cuchillo afilado o una cuchilla, hacer cortes en rejilla en la corteza hasta alcanzar la carne. Colocar la pieza en una fuente apta para horno con los cortes hacia abajo y rociar con el agua hasta cubrir la corteza. Cocinar tapado en el horno durante 75 minutos.

Sacar la panceta de la fuente y poner sobre una rejilla con la corteza hacia arriba; colocar sobre una bandeja de horno profunda. Volver a meter en el horno y verter 250 ml de agua en la bandeja. Hornear durante 90 minutos.

Consejo: Si la panceta va a utilizarse total o parcialmente como guarnición para una sopa ramen, es preferible dejarla enfriar del todo antes de cortarla, ya que así resultará más fácil y obtendrás rodajas más finas. La corteza puede retirarse, picarse y freírse en la sartén hasta que esté crujiente (con cuidado, salpica mucho aceite) para después esparcirla sobre la sopa antes de servir.

COSTILLAS PICANTES

En Japón les encanta picar, mordisquear y compartir. ¡Es la hora de unas costillas picantes al horno o a la brasa!

Tiempo de elaboración: 15 minutos (más 45 minutos de cocción y 25 minutos de horno o 12 minutos de barbacoa)

1 kg de costillas de cerdo cortas y carnosas
Sal
20 g de jengibre
1 diente de ajo
80 g de kétchup
1-2 cdtas. de salsa picante (p. ej. sriracha)
1 cda. de salsa de soja
1 cdta. aceite
1 puñado de hojas de apio

Cortar las costillas en segmentos de 2-3 huesos y cocer a fuego lento en agua con sal durante 45 minutos con la cazuela tapada. Sacar, enfriar y dejar secar.

Mientras tanto, pelar el jengibre y el ajo, y rallar fino. Mezclar con el kétchup, la salsa picante, la salsa de soja y el aceite para obtener una pasta.

Calentar el horno a 180 °C. Pincelar las costillas con la pasta y colocar sobre una bandeja con papel de horno. Hornear 25 minutos. También puedes hacer las costillas previamente cocidas y marinadas sobre unas brasas suaves con la barbacoa cerrada durante 8-12 minutos. Servir espolvoreadas con hojas de apio. Puede acompañarse con verdura encurtida (véase p. 187).

BOLLITOS DE HAMBURGUESA

Las hamburguesas también son muy populares en Japón, y como sucede en todo el mundo, su propia tradición culinaria ejerce una gran influencia sobre las nuevas creaciones. ¡Pero una buena hamburguesa siempre empieza con un buen pan!

Tiempo de elaboración: 20 minutos (más 3x30 minutos de levado, 20 minutos de horneado)

Para 8-12 bollitos
500 g de harina más un poco para trabajar
50 g de sémola de trigo
150 ml de agua templada
50 ml de dashi
40 g de azúcar
20 g de levadura fresca
2 huevos a temperatura ambiente (M)
1 cda. de sake
80 g de mantequilla derretida
5 g de sal
1 yema de huevo
2-3 cdas. de sésamo blanco y negro tostado

Poner la harina en un bol grande y mezclar con la sémola, formar un volcán. Mezclar el agua templada, el dashi y el azúcar, y disolver la levadura en la mezcla. Verter el líquido en el volcán y amasar. Cubrir con harina y dejar levar en un lugar cálido durante 30 minutos.

A continuación añadir a la masa los huevos, el sake, la mantequilla y la sal. Amasar con el gancho de la batidora durante 5 minutos hasta obtener una masa homogénea. Formar una bola con las manos enharinadas y dejar levar otros 30 minutos.

Después, con las manos enharinadas, pasar la masa del bol a una superficie de trabajo enharinada, pero no para amasar sino para seguir el proceso. Dividir en porciones con un cuchillo enharinado y darles forma de bola. Para ello, rodear la masa con las manos, meterla hacia dentro con los dedos y repetir hasta que se haya formado una bola tensa. Sellar la masa y colocar las bolas con el cierre hacia abajo sobre una bandeja con papel de horno a la misma distancia unas de otras.

Dejar levar otros 30 minutos en un lugar cálido. Mientras tanto calentar el horno a 200 °C. Batir la yema de huevo con 1 cucharada de agua, pincelar la parte superior de los bollitos y espolvorear con sésamo. Hornear durante 20 minutos y dejar enfriar sobre una rejilla. Es preferible consumir los bollitos el mismo día. También se conservan dos días envueltos en papel film, pero se secarán un poco.

HAMBURGUESA DE POLLO
con mayonesa de mandarina y kétchup de wasabi

La cultura americana de la hamburguesa se encuentra con la cocina japonesa tradicional y el resultado es inspirador: jugosa carne de pollo con cebolleta, kétchup picante con wasabi y una cremosa mayonesa cítrica que aporta un toque delicado y afrutado.

Tiempo de elaboración: 35 minutos

Para el kétchup de wasabi:

80 g de kétchup
2 cdas. de salsa de soja
Pasta de wasabi (véase p. 11)

Para la mayonesa de mandarina:

Ralladura de 1 mandarina ecológica
80 g de mayonesa
2-3 cdas. de zumo de lima
1 cdta. de mermelada de naranja
Sal

Para la hamburguesa de pollo:

2 cebolletas finas
400 g de pechuga de pollo (sin piel ni hueso)
1 huevo (S)
2 cdas. de panko (véase p. 9, si no pan rallado de pan blanco seco sin corteza)
1 cda. de salsa de soja dulce
Sal
4 bollitos de hamburguesa (véase p. 100)
1 cebolla roja pequeña
3 cdas. de aceite para cocinar
20 g de mantequilla derretida
1 puñado de brotes de shiso
8 hojas de mizuna* (si no otra lechuga local)

Para el kétchup de wasabi, mezclar el kétchup con la salsa de soja y añadir wasabi al gusto de picante. Para la mayonesa de mandarina, mezclar la piel rallada de mandarina con la mayonesa, el zumo de lima y la mermelada de naranja, y salar.

Limpiar las cebolletas, cortar por la mitad a lo largo y picar fino. Pasar la carne de pollo por la picadora de carne. Mezclar con el huevo, el panko, la salsa de soja y la cebolleta, y salar. Dar forma con las manos húmedas.

Calentar el horno a 60 °C. Cortar los bollitos por la mitad y colocar en una bandeja de horno con el corte hacia abajo. Calentar en el horno. Pelar la cebolla roja y cortar en aros. Cocinar la carne a la parrilla o en una sartén antiadherente grande con aceite caliente a fuego medio, 4-6 minutos por cada lado. Una vez listas, untar con la mantequilla derretida.

Separar las hojas de shiso y limpiar. Lavar la mizuna* y secar con el escurridor de lechuga. Untar la mitad inferior de los bollitos con el kétchup de wasabi, poner encima las hojas de mizuna y la carne. Coronar con un poco de mayonesa de mandarina, aros de cebolla roja y brotes de shiso.

* Las hojas de mizuna son brotes de col japonesa que cada vez se comercializan más en Europa, tanto de invernadero como cultivados al aire libre (a partir de abril). La mizuna está emparentada con coles como el colinabo o la col china. Esto se percibe también en su sabor ligeramente picante, como a mostaza.

HAMBURGUESA DE PESCADO
con mayonesa de wasabi

Bocadillos de pescado a la japonesa: abadejo a la plancha con verdura crujiente, mayonesa cítrica de wasabi y jengibre picante. ¡Un plato que bien podría venir del norte de Europa!

Mezclar la piel de limón con la mayonesa, la salsa de soja y una porción de wasabi del tamaño de un guisante. Limpiar la mizuna* y secar con el escurridor de lechuga. Preparar una vinagreta con el vinagre de arroz, la salsa de soja dulce y el aceite, y salar.

Calentar el horno a 60 °C. Cortar los bollitos por la mitad y colocar en una bandeja de horno con el corte hacia abajo. Calentar en el horno.

Lavar los rabanitos y el pepino, cortar en rodajas finas y salar. Limpiar el pescado, secar, pasar por la maicena y sacudir ligeramente. Después cocinar a la plancha en una sartén antiadherente con aceite caliente, 3-4 minutos por cada lado. Salar.

Marinar la mizuna con la vinagreta. Untar un poco de mayonesa de wasabi en la mitad inferior de los bollitos y poner encima los rabanitos, el pepino y la lechuga. Colocar el pescado y coronar con el resto de la mayonesa y las tapas de los bollitos. Servir con el jengibre.

* Las hojas de mizuna son brotes de col japonesa que cada vez se comercializan más en Europa, tanto de invernadero como cultivados al aire libre (a partir de abril). La mizuna está emparentada con coles como el colinabo o la col china. Esto se percibe también en su sabor ligeramente picante, como a mostaza.

Tiempo de elaboración:
25 minutos

Para la mayonesa de wasabi:

1 cdta. de ralladura de limón ecológico
80 g de mayonesa
Pasta de wasabi (véase p. 11)
1 cdta. de salsa de soja dulce (véase p. 10)

Para la mizuna:

1 puñado de mizuna*
1 cda. de vinagre de arroz o de vino blanco
1 cda. de salsa de soja dulce (véase p. 10)
2 cdas. de aceite
Sal

Para las hamburguesas:

4 bollitos de hamburguesa (véase p. 100)
2 rabanitos
½ pepino pequeño
Sal
4 filetes de bacalao de 80 g cada uno (listos para cocinar, sin espinas)
4 cdas. de maicena
4 cdas. de aceite para cocinar
Jengibre encurtido (véase p. 62)

SALMÓN CON MANTEQUILLA DE MISO

Combinado con mantequilla, el miso despliega un aroma cremoso como de nuez perfecto para acompañar pescados a la plancha o a la brasa. Las espinacas con ajo aportan un sabroso contraste.

Tiempo de elaboración: 25 minutos

125 g de mantequilla a temperatura ambiente
25 g de pasta miso al gusto
1 cdta. de ralladura de limón ecológico
1 cdta. de zumo de limón
250 g de espinacas
2 chalotas
1 diente de ajo
4 cdas. de aceite para cocinar
Sal
4 tiras de salmón de 150 g cada una (listas para cocinar, sin espinas)

Mezclar la mantequilla a temperatura ambiente con la pasta miso, la ralladura de limón y el zumo. Poner la mezcla en el centro de un trozo de papel film, enrollar, formar un cilindro compacto y cerrar los extremos como los de un caramelo. Enfriar.

Limpiar las espinacas y escurrir en un colador. Pelar las chalotas y el ajo y picar en daditos. Calentar en una cazuela grande 1 cucharada del aceite, rehogar la chalota y el ajo hasta que esté transparente. Añadir las espinacas, salar y reducir sin dejar de remover, echar más sal si es necesario. Reservar caliente.

Cocinar el salmón a la brasa o en una sartén antiadherente con 3 cucharadas de aceite caliente, 3-4 minutos por cada lado. Salar y coronar con la mantequilla de miso. Finalmente colocar sobre las espinacas.

Consejo: Si cocinas el salmón según la receta, el centro seguirá tierno como en la foto. Si lo prefieres más hecho, añade 1-2 minutos de cocción.

La mantequilla puede prepararse con antelación y congelarse, y también va muy bien con las carnes (véase p. 92).

Izakaya y cocina familiar

La comida del día a día

Cuando alguien observa la cocina japonesa desde fuera y desde la lejanía, enseguida cae en el error de pensar que en Japón solo se alimentan de sushi, sashimi, brochetas a la parrilla, coloridas cajas de bento y sopas humeantes de fideos. Pero naturalmente también existe una cocina del día a día, auténtica comida casera y platos reconfortantes para cualquier ocasión.

Arroz: elemento central y comida principal

El elemento central es siempre el arroz, el alma y la base de la cocina japonesa. En japonés, «arroz cocido» se dice *gohan*, una palabra que al mismo tiempo significa «comida». El arroz es identidad nacional, cultura y factor económico, acompaña comidas y fiestas religiosas, y es la base del sushi y el sake. El amor por el arroz se cultiva literalmente desde la cuna: el caldo impregnado de almidón que se obtiene al cocer arroz es el primer alimento que prueban los bebés después de la leche.

Además de las variaciones del sushi, los innumerables tipos de donburi son los platos de arroz más populares en el día a día: grandes cuencos de abundante arroz al vapor o cocido con las guarniciones frías y calientes más diversas, verdura, tortilla, carne o pescado. Los cuencos de donburi se sirven en los restaurantes de comida rápida, pero también se preparan en casa, incluso como platos de sobras en los que se añade al arroz lo que se tenga por ahí.

Fideos: alegría para el estómago y para el alma (soba, somen, udon)

Los fideos también son un alimento muy apreciado en el día a día, y existen muchos tipos distintos. Los más populares son los fideos soba de trigo sarraceno y los fideos udon de harina de trigo. Los soba tienen un color tostado y suelen servirse como plato rápido y saciante, en sopas y guisos, pero también templados o fríos con salsas para mojar (zaru soba). Los fideos udon son blancos y se sirven sobre todo en sopas, son los fideos

de la clase trabajadora y están emparentados con los somen, que son finos y extralargos y en el pasado fueron los favoritos de la nobleza y de los palacios imperiales. Siempre se sirven fríos con salsas y guarnición, solo en invierno pueden bañarse también en caldo.

Entre el microrrestaurante y la comida callejera: comer en puestos y bares

A un japonés jamás se le ocurriría comer en la calle, en el autobús o en el metro, sencillamente no se hace y podría ser una de las razones por las que la cultura de la comida callejera no triunfa en el país. Sin embargo los puestos a pie de calle son muy populares, aunque siempre ofrecen al menos un asiento a cubierto. Estos locales también están muy especializados y se centran en un único producto: sopas de fideos, platos de arroz o fideos salteados, o tortitas okonomiyaki. También tienen mucho éxito los puestos de tamagoyaki, en los que se preparan y venden distintas variantes de estas tortillas de varias capas enrolladas con gran habilidad. Se sirven como comida rápida o se cortan en varios trozos para acompañar sushi o sopas.

Izakaya y sakana: tapas a la japonesa

También forma parte del día a día gastronómico del país y está a punto de conquistar el resto del mundo: izakaya, la cocina de bar japonesa, bocados para picar relajadamente acompañados de sake, licor de arroz shochu y cerveza. Un cuenco de edamames cocidos y salados, pollo frito karaage, gyoza al vapor y a la plancha con salsa agridulce... Estos pequeños aperitivos llamados *sakana* también incluyen sushi, sashimi, brochetas yakitori, verdura encurtida y sardinas secas. Y eso no es todo.

En las siguientes páginas encontrarás muchas recetas japonesas de diario además de los clásicos que he mencionado.

EDAMAMES

Tiempo de elaboración: 10 minutos

400 g de edamames (congelados)
Sal marina fina o escamas de sal

Estos granos de soja jóvenes y verdes en su propia vaina son un aperitivo muy habitual en los bares de Japón o como entrante de una comida con amigos o familia. En nuestro país también es cada vez más habitual encontrar edamame («haba en rama») como picoteo sano, incluso se venden ya congelados en los supermercados bien surtidos.

Sumergir las vainas en agua hirviendo, llevar de nuevo a ebullición y dejar cocer 3-4 minutos. Escurrir en un colador y enfriar bajo el grifo con agua fría. Servir mojados con un poco de sal marina.

En la mesa, las vainas se abren apretando un poco y los delicados granos se extraen directamente con la boca, donde se combinan con la sal. ¡Cuidado, son adictivos!

Consejo: Los granos de soja pueden sacarse de la vaina ya cocidos y utilizarse en platos de fideos como los espaguetis con miso (véase p. 157), también son una guarnición deliciosa para la sopa de miso o el ramen (véanse pp. 27-31).

ENSALADA JAPONESA DE TERNERA

Esta ensalada de ternera de inspiración japonesa se prepara con el rosbif más exquisito acompañado de col china (hakusai) y rábano, con un toque agradable de picante gracias al wasabi de la vinagreta. Una comida rápida y ligera que también puede servirse a invitados o en un bufet.

Tiempo de elaboración: 20 minutos

4 hojas de col china
200 g de rábano blanco
Sal
Una pizca de azúcar
Vinagre de arroz o de vino blanco
4 cdas. de dashi (véase p. 21)
1 cda. de mirin (véase p. 9)
Pasta de wasabi (véase p. 11)
½ cebolla roja
200 g de rosbif

Cortar las hojas de col china en juliana y poner a remojo en agua fría. Pelar el rábano, primero en láminas y después en tiras. Condimentar el rábano con sal, azúcar y 1 cucharadita de vinagre y reservar.

Preparar la vinagreta con 2 cucharadas de vinagre, dashi, mirin y una porción de wasabi del tamaño de un guisante. Pelar la cebolla roja, cortar en juliana y echar a la vinagreta, salar.

Escurrir el rábano. Sacar la col china del agua, escurrir y salar ligeramente. Disponer el rosbif con las lonchas un poco superpuestas en platos o en una bandeja y rociar con la vinagreta y la cebolla. Colocar el rábano en el centro y coronar con la col china.

6月号●本日

ZARU SOBA

Los zaru soba son una fantástica comida de verano. Estos fideos fríos de trigo sarraceno tienen un sabor como de fruto seco y se bañan en salsa mentsuyu, fresca y sabrosa, acompañados de cebolleta y tiras de nori. Un plato adictivo que no resulta nada pesado.

Tiempo de elaboración: 10 minutos (más tiempo de enfriamiento de la salsa)

10 g de alga kombu
100 ml de sake (véase p. 10)
100 ml de mirin (véase p. 9)
200 ml de salsa de soja suave
15 g de copos de bonito (véase p. 9)
½ lámina de nori
2 cebolletas finas
200-320 g de fideos soba (50-80 g por persona)

Frotar el alga kombu con un trapo hasta que desaparezca la capa blanca. Llevar el sake a ebullición, añadir el mirin y la salsa de soja, completar con 100 ml de agua y llevar de nuevo a ebullición. Apartar del fuego y añadir el alga kombu, dejar a remojo 3 minutos y sacar. Esparcir los copos de bonito por la superficie y esperar a que se hundan hasta el fondo. Pasar la salsa por un colador fino cubierto con papel de cocina y dejar enfriar.

Cortar el alga nori en tiras delgadas con tijeras. Limpiar las cebolletas y cortar en aros finos. Preparar los fideos siguiendo las indicaciones del paquete, cortar la cocción con agua fría y servir enseguida con la salsa, las tiras de nori y la cebolleta.

Consejo: Los fideos pueden servirse con sésamo tostado y un poco de wasabi (véase p. 11) al gusto para darle un toque picante. Es mejor preparar la salsa mentsuyu siempre en el momento, y se recomienda utilizarla el mismo día.

TAMAGOYAKI (rollo de tortilla)

La polivalente tortilla tamagoyaki es un popular tentempié callejero; si se corta, este rollo de tortilla (más bien rectangular) también sirve como relleno de sushi; y también se sirve en bares izakaya como plato para picar. Para prepararlo existen sartenes especiales alargadas y rectangulares, pero también puede hacerse en una sartén antiadherente redonda convencional.

Tiempo de elaboración: 30 minutos

6 rabanitos
1 cebolleta fina
8 huevos
1 cda. de salsa de soja clara
1 cda. de dashi (véase p. 21)
1 cdta. de mirin (véase p. 9)
Sal
Aceite para cocinar

Limpiar los rabanitos, cortar primero en láminas y después en tiras finas. Limpiar las cebolletas, picar fino y poner en agua fría junto con los rabanitos. Mezclar los huevos con la salsa de soja, el dashi y el mirin, salar muy ligeramente si es necesario.

Pincelar una sartén antiadherente grande, calentar un poco y verter un poco de la mezcla de huevo, lo justo para cubrir el fondo con una capa fina. Dejar cuajar y enrollar con ayuda de dos espátulas.

Dejar el rollo en el borde superior de la sartén, volver a pincelar con aceite, verter otra capa y dejar cuajar a fuego medio. Hacer rodar el rollo anterior hacia el borde inferior de la sartén recogiendo la nueva capa de huevo.

Repetir hasta que la mezcla de huevo se acabe y se haya obtenido un rollo grueso de tortilla. Cortar en rodajas frío o caliente. Escurrir los rabanitos y las cebolletas, salar y decorar el rollo.

Consejo: Puede acompañarse de salsas para mojar, por ejemplo salsa ponzu shoyu (véase p. 10), salsa picante dulce (véase p. 131) o salsa teriyaki (véase p. 10).

BENTO DE HUEVO A LA SOJA

Tiempo de elaboración: 15 minutos
(más 2-3 horas de marinado)

6 huevos (S o M)
Aprox. 400 ml de salsa de soja (en este caso utilizar una salsa sencilla y barata)
6 cdas. de mayonesa
1-2 cdtas. de zumo de lima
1-2 cdtas. de pasta de wasabi (véase p. 11)
Una pizca de azúcar
Sal
100 g de rábano
2-3 minizanahorias
2 pepinos pequeños
2 hojas de col china
Galletitas de arroz japonesas

Las cajas de bento tienen una larga tradición en Japón. Estas coloridas tarteras solían ser de bambú, un material antiséptico. Hoy en día estas cajitas compartimentadas acompañan a los japoneses en excursiones y al trabajo, se sirven en el teatro y en los entierros, y hay cajas de bento especiales para ocasiones como la Navidad o el día de san Valentín, que pueden comprarse en las tiendas especializadas para llevar (bento-ya) o en las estaciones. También se ofrecen bento especiales con ingredientes regionales.

Pinchar los huevos y cocer durante 6-8 minutos (S) u 8-10 minutos (M) para que queden entre blandos por dentro y duros. Cortar la cocción con agua fría y pelar. Meter en vasos o en un recipiente alto y fino y cubrir con salsa de soja. Los huevos pueden macerarse durante 2-3 horas, y cada vez estarán más oscuros y sabrosos. ¡Es cuestión de gusto!

Preparar una salsa con la mayonesa, el zumo de lima, el wasabi, el azúcar y la sal, y reservar en frío. Pelar el rábano y las minizanahorias, cortar el rábano por la mitad a lo largo y después en rodajas, cortar las minizanahorias por la mitad a lo largo. Lavar los pepinos y cortar en cuatro a lo largo. Limpiar las hojas de col china y secar.

Preparar una cama de hojas de col china y disponer encima los huevos enteros o cortados por la mitad. Colocar la verdura, la salsa y las galletitas de arroz japonesas.

GYOZA TRADICIONALES

Estas pequeñas empanadillas plegadas con primor son un aperitivo muy apreciado, y suelen estar rellenas de carne picada de cerdo o pollo, gambas y col. Tradicionalmente, primero se hacen a la plancha y después se cuecen y se hacen al vapor. Se sirven calientes y siempre recién hechas, acompañadas de una salsa de picante de soja y vinagre.

Tiempo de elaboración: 45 minutos

Para 30 piezas

Para las gyoza:

1 paquete de obleas para gyoza (congeladas, véase consejo)
100 g de col china*
5 cdas. de aceite para cocinar
Sal
100 g de colas de gamba
200 g de carne picada de cerdo
10 g de jengibre
1 cda. de salsa de soja
2-3 gotas de aceite de sésamo

Para la salsa:

6 cdas. de salsa de soja
3 cdas. de vinagre de arroz
1 cdta. de salsa o aceite picante
2-3 gotas de aceite de sésamo

Descongelar las obleas para gyoza. Limpiar la col, picar fino y saltear a fuego fuerte con 1 cucharada de aceite caliente durante 1-2 minutos. Salar. Poner en un plato y enfriar rápidamente en el congelador. Lavar las gambas, secar, picar fino y añadir a la carne picada de cerdo. Pelar el jengibre y rallar fino. Añadir a la carne el jengibre, la salsa de soja y el aceite de sésamo, y amasar junto con la col enfriada para formar un relleno homogéneo.

Humedecer un lado de las obleas con un pincel empapado en agua, poner encima 1 cucharadita de relleno, cerrar la oblea haciendo pequeños pliegues en el borde y apretar para sellar. Dejar las gyoza preparadas sobre una lámina de papel de horno.

Para la salsa, mezclar la salsa de soja con el vinagre, la salsa picante y el aceite de sésamo.

Calentar 4 cucharadas de aceite en una sartén antiadherente con tapa (ide cristal), meter las gyoza y dorar por un lado a fuego medio. A continuación, añadir 300 ml de agua y poner la tapa. Cocer las gyoza unos 8 minutos hasta que el líquido casi haya desaparecido, destapar y dejar que el resto del agua se evapore hasta que se vuelva a oír cómo se hacen a la plancha. Servir con la salsa.

Consejo: Encontrarás obleas para gyoza congeladas en las tiendas asiáticas y en los supermercados bien surtidos. Si no das con ellas, puedes prepararlas en casa: mezclar 250 g de harina con 150 ml de agua templada y 1 cucharadita de aceite, salar ligeramente y amasar hasta formar una pasta homogénea. Envolver en papel film y dejar reposar 30 minutos en el frigorífico. Aplanar la masa con la máquina para hacer pasta hasta obtener una lámina muy fina. Cortar círculos con un cortador redondo de 9 cm y después continuar con la receta.

* Hakusai es el nombre japonés de la col china que también podemos encontrar en las tiendas europeas. Al comprarla, busca cabezas firmes y pesadas con las hojas exteriores fuertes y crujientes.

DOS VARIANTES DE GYOZA

Las gyoza son muy variadas. No solo pueden cambiarse los rellenos, también la elaboración: estas empanadillas pueden hacerse al vapor para que queden tiernas o freírse para un resultado crujiente. Dos recetas especiales:

GYOZA FRITAS DE SHIITAKE

Relleno:

Limpiar **100 g de shiitake**, retirar los tallos y picar fino los sombreros. Limpiar **100 g de col puntiaguda**, picar fino y saltear junto con las setas durante 3-4 minutos en una sartén con **3 cucharadas de aceite** caliente. Verter **1 cucharada de salsa de soja clara, salar** ligeramente. Enfriar rápido en un plato en el congelador. Picar **1 cucharada de cacahuetes tostados y salados**, limpiar **1 cebolleta fina** y cortar en rollitos. Pelar **10 g de jengibre** y **½ diente de ajo**, rallar fino y añadir a la verdura enfriada. Mezclar todo.

Preparación:

Rellenar y plegar las gyoza como se indica en la página 123. Calentar **aceite** a 170 °C en una freidora o en una cazuela alta con aproximadamente 8 cm de aceite. La freidora indica la temperatura; en el caso de la cazuela, meter un palillo en el aceite: cuando asciendan burbujitas de la madera, habrá alcanzado la temperatura óptima. Freír las gyoza en tandas (!) durante 3-5 minutos. Servir con la salsa para gyoza (véase p. 123).

GYOZA AL VAPOR DE GAMBAS en su jugo

Relleno:

Pelar **350 g de gambas** sin cabeza excepto el extremo, conservar las cáscaras. Limpiar las gambas con agua fría, secar y picar con la picadora, sazonar con **un chorrito de lima**. Pelar **15-20 g de jengibre** y rallar fino. Limpiar **2 cebolletas finas**, picar fino y echar a las gambas junto con el jengibre, salar y mezclar hasta obtener un relleno homogéneo.

Preparación:

Rellenar y plegar las gyoza como se indica en la página 123. Dorar las cáscaras de gamba en una cazuela a fuego fuerte, cubrir con **400 ml de caldo vegetal** y **400 ml de dashi** (véase p. 21) y llevar a ebullición. Condimentar con **4 cucharadas de salsa de soja dulce, salsa picante al gusto** y **un chorrito de vinagre de arroz**. Dejar reposar. Llenar una cazuela con tapa y accesorio de cocción al vapor con **1 l de agua** y llevar a ebullición. Pincelar el accesorio con **aceite**, poner los gyoza y cocinar tapado al vapor durante 8 minutos. Llevar de nuevo a ebullición el caldo de gamba y colar. Servir las gyoza al vapor en el caldo caliente.

TEBA SHICHIMI

Estas alitas de pollo crujientes al horno se condimentan al estilo shichimi togarashi: se trata de una mezcla de pimientas picantes muy apreciada que puede comprarse por todo Japón y cuyos aromas principales son la cayena, la pimienta y la piel de mandarina. En esta receta utilizo piel de mandarina, zumo de limón, cayena y pimienta, todo fresco, verás cómo no podrás parar de mordisquear estas alitas picantes hasta que se acaben. ¡Son perfectas para acompañar una cerveza fría!

Tiempo de elaboración: 35 minutos (más 1 hora de marinado)

600 g de alitas de pollo
1 diente de ajo
50 ml de sake o jerez seco
1-2 pellizcos de copos de cayena seca
Pimienta negra recién molida
Sal
Piel rallada y zumo de 1 lima ecológica
Piel rallada de una mandarina ecológica

Partir las alitas por la articulación. Pelar los dientes de ajo, rallar fino y añadir a las alitas de pollo junto con el sake. Condimentar al gusto con cayena y pimienta negra. Mezclarlo todo y dejar marinar tapado 1 hora en el frigorífico.

Calentar el horno a 180 °C. Poner las alitas en una bandeja con papel de horno, salar y hornear 25-30 minutos. Mezclar la piel de lima y mandarina con el zumo de lima. Esparcir sobre las alitas y servir.

POLLO FRITO
con salsa de ajo y ciruela

Estas muslos de pollo frito provienen de la cocina japonesa de inspiración occidental, y sin embargo su sabor es muy distinto y muy japonés, ya que están condimentadas con shichimi togarashi, la apreciada mezcla de especias picantes, y se acompañan de una salsa de ciruela, cayena, salsa de soja y ajo.

Tiempo de elaboración: 50 minutos
(más 30 minutos de marinado)

8 muslos de pollo
2 dientes de ajo
2 cdas. de sake o jerez seco
1-2 cdtas. de shichimi togarashi (véase p. 11)
100 g de kétchup
50 g de mermelada de ciruela
2 cdas. de salsa de soja
Salsa picante
3 huevos (M)
6 cdas. de harina
250 g de panko (véase p. 9, si no pan rallado de pan blanco seco sin corteza)
Aceite para freír
Sal

Sazonar los muslos de pollo con un diente de ajo pelado y rallado, el sake y el shichimi togarashi (también puede añadirse un poco de pimienta negra, copos de cayena y un poco de ralladura de naranja o mandarina), y marinar 30 minutos en el frigorífico.

Para la salsa, pelar un diente de ajo y rallarlo, mezclarlo con el kétchup, la mermelada de ciruela, la salsa de soja y la salsa picante al gusto.

Batir los huevos en un plato hondo. Preparar otros dos platos con harina y panko. Pasar los muslos primero por la harina y después bañar en el huevo. Después pasar por el panko y presionar bien. Dejar secar al aire durante 15 minutos en una bandeja con papel de horno. Calentar aceite en una freidora a 150 °C siguiendo las instrucciones del fabricante (o calentar el aceite en una cazuela alta y meter dentro un palillo; cuando asciendan burbujitas del palillo, habrá alcanzado la temperatura deseada). Freír el pollo en tandas durante 15-20 minutos, voltear de vez en cuando. Escurrir sobre papel de cocina, salar y servir con la salsa.

Consejo: Esta maravillosa salsa también es perfecta para acompañar todo tipo de carnes a la parrilla.

FINGERS DE POLLO CON SÉSAMO
y salsa picante dulce

Este tiernísimo pollo envuelto en crujiente panko con sésamo se sirve con una salsa picante dulce. Un plato para toda la familia que también triunfa en los bares izakaya.

Tiempo de elaboración: 30 minutos

400 g de pechuga de pollo (sin piel)
1 cda. de zumo de lima
3 cdas. de salsa de soja dulce, si no salsa de soja clara
Salsa picante (p. ej. salsa sriracha suave)
2 cdas. de sésamo negro y blanco
80 g de panko (véase p. 9, si no pan rallado de pan blanco seco sin corteza)
4 cdas. de kétchup
2 cdas. de miel
1 cda. de sirope de jengibre
2 huevos
4 cdas. de harina
3 cdas. de aceite y 1 cda. de mantequilla para cocinar

Limpiar la pechuga de pollo, secar y cortar en tiras largas de aproximadamente 1 cm de diámetro. Marinar con el zumo de lima, 2 cucharadas de salsa de soja y un poco de salsa picante. Tostar el sésamo en una sartén sin aceite hasta que el sésamo blanco esté un poco dorado. Mezclar el sésamo con el panko.

Para la salsa, mezclar el kétchup, el sirope de jengibre, 1 cucharada de salsa de soja y salsa picante al gusto.

Batir los huevos en un plato hondo. Preparar otros dos platos con harina y panko. Pasar las tiras de pollo primero por la harina, después por el huevo y finalmente por la mezcla de panko y sésamo, y presionar un poco el rebozado. Calentar el aceite y la mantequilla en una sartén hasta que la mantequilla forme espuma. Dorar las tiras de pollo a fuego suave durante 8-10 minutos. Servir con la salsa.

POLLO TERIYAKI

Tiempo de elaboración: 8 minutos

4 muslos de pollo deshuesados (véase consejo)
4 cdas. de sake
Sal
150 ml de caldo de pollo (véase p. 16)
4 cdas. de salsa teriyaki (véase p. 10)
Aceite para cocinar

La primera vez que probé este plato fue en un restaurante de Hamburgo que también sirve comida casera. Esta carne de pollo crujiente cortada en tiras era especialmente tierna y tenía un sabor delicado. Me di cuenta de que era carne de muslo deshuesada y supuse que primero se había cocinado a la plancha durante mucho tiempo por el lado de la piel hasta que esta estuviera crujiente. Pero hasta que no fui a Japón no descubrí un detalle importante: la carne se marina primero en sake.

Lavar la carne deshuesada de pollo, secar y frotar con sake por la parte que no tiene piel. Después colocar en una bandeja con la piel hacia arriba y salar abundantemente. Tapar con papel film y dejar reposar en el frigorífico durante 2 horas. Mientras tanto preparar la salsa mezclando el caldo de pollo y la salsa teriyaki.

Este es el momento de preparar otras guarniciones, como por ejemplo la ensalada de col que se ve en la foto, de la página 174, y la ensalada de pepino de la página 173 (en este caso solo se ha cortado en rodajas). Sin embargo, el pollo teriyaki también está delicioso servido simplemente con arroz o con lechugas variadas.

Cortar por la mitad las piezas de pollo. Calentar aceite en una sartén antiadherente grande, poner el pollo con la piel hacia abajo y dorar a fuego medio durante 10-12 minutos. Después dar la vuelta a las piezas y cocinar por el lado de la carne 6-8 minutos más.

Añadir la salsa y dejar hervir un momento hasta que la salsa engorde un poco. Servir enseguida.

Consejo: Deshuesar la carne es un poco trabajoso, es mejor encargar los muslos ya deshuesados en la pollería. Si quieres intentarlo en casa: colocar el pollo sobre una tabla con la piel hacia abajo y hacer cortes con un cuchillo afilado a izquierda y derecha del hueso, después pasar por debajo del hueso para separarlo de la carne. Lo más difícil es la articulación. Ten cuidado de no dejar ningún trozo de hueso en la carne. Por último, corta y separa los tendones del extremo del muslo.

KARAAGE

El karaage (o kara-age) es una técnica de fritura (age) de origen chino muy popular en Japón. Mientras que en la técnica japonesa de la tempura los ingredientes se fríen envueltos en una masa ligera, en la del karaage solo se pasan brevemente por harina o maicena, pero antes se marinan. El karaage de pollo es la variante más habitual, y en cambio el ikaage es de calamar.

Tiempo de elaboración: 20 minutos

20 g de jengibre
1 cda. de salsa de soja
1 cda. de sake (si no jerez seco o semiseco, o vino blanco)
1 cda. de mirin (para alternativas véase p. 9)
500 g de carne de muslo deshuesada o pechuga de pollo
Aceite para freír
80 g de maicena
Sal

Pelar el jengibre, rallar fino y mezclar con la salsa de soja, el sake y el mirin. Lavar la carne de pollo, secar, cortar en trozos de 3-4 centímetros de grosor y mezclar con la marinada.

Calentar el aceite a 170 °C en la freidora siguiendo las instrucciones del fabricante o en una cazuela alta con aproximadamente 8 cm de aceite. En la freidora se suele indicar la temperatura, en el caso de la cazuela meter un palillo en el aceite. Cuando asciendan burbujitas de la madera, habrá alcanzado la temperatura adecuada.

Calentar el horno a 80 °C con ventilador. Pasar el pollo en tandas (!) por la maicena, después sacudir ligeramente y freír durante 3-5 minutos. Si se tuesta demasiado rápido, bajar un poco el fuego. Escurrir los pedazos fritos en papel de cocina, salar ligeramente y conservar caliente en una bandeja en el horno.

Opcional: para terminar se pueden lavar y secar unas pocas hojas de perejil y freír unos segundos en el aceite. Escurrir en papel de cocina, salar y decorar el pollo.

Variantes: la marinada resulta aún más sabrosa con un poco de ajo fresco rallado y un chorrito de zumo de limón. Para una marinada más picante se puede añadir un pellizco de copos de cayena o un par de gotas de salsa picante.

Consejo: Puede acompañarse con mayonesa japonesa (véase p. 9), salsa tonkatsu (véase p. 88) y salsa picante dulce (véase p. 131)

KARAAGE DE TRUCHA

El pescado también puede prepararse al estilo karaage. Un plato rapidísimo, jugoso y crujiente, en este caso con trucha servida sobre lechuga con vinagreta de sésamo.

Tiempo de elaboración: 25 minutos

4 cdas. de salsa de soja clara
½ lima
Una pizca de pasta de wasabi (véase p. 11)
4-8 filetes de trucha de 90 g cada uno (con piel, listos para cocinar, sin espinas, véase consejo)
1 cda. de sésamo blanco
1 cabeza de lechuga romana
4 cdas. de dashi (véase p. 21)
1 cda. de mirin (véase p. 9)
2 cdas. de vinagre de arroz o 1-2 cdas. de vinagre de vino blanco
2-3 cdas. de aceite de girasol más un poco para cocinar
1-2 gotas de aceite de sésamo
5 cdas. de maicena
Sal

Mezclar 2 cucharadas de salsa de soja con el zumo de lima y el wasabi, y untar los filetes de trucha por el lado de la carne.

Tostar el sésamo en una sartén sin aceite. Limpiar la lechuga y secar con el escurridor. Preparar la vinagreta con 2 cucharadas de salsa de soja, dashi, mirin, vinagre, aceite de girasol y aceite de sésamo.

Pasar los filetes de trucha por la maicena, sacudir ligeramente y cocinar en una sartén antiadherente grande con mucho aceite, volteando una vez con una espátula.

Salar y escurrir en papel de cocina. Aliñar la lechuga con la vinagreta y servir el pescado encima.

Consejo: Es recomendable pedir la trucha preparada en la pescadería. La receta también puede prepararse con trucha asalmonada, gallo y otros muchos pescados locales. Puede acompañarse con salsa ponzu shoyu (véase p. 10), mayonesa japonesa (véase p. 9) o mayonesa de miso (véase p. 184).

OKONOMIYAKI

Las okonomiyaki, unas tortitas rellenas y muchas veces cubiertas de guarnición, suelen prepararse delante del comensal en una plancha caliente. Muchas ciudades y regiones tienen sus propias variantes tradicionales con ingredientes, capas y técnicas de cocción establecidos. Aquí te presento una receta básica que puede modificarse al gusto.

Tiempo de elaboración: 50 minutos (más 10 minutos de reposo de la masa)

Para las okonomiyaki:

4 huevos (M)
250 ml de dashi (véase p. 21, si no fondo de pescado o caldo vegetal)
450 g de harina
2 cdtas. de levadura en polvo
Sal
2 cebolletas finas
200 g de zanahorias gruesas
100 g de col puntiaguda
Aceite para cocinar
9-12 lonchas de beicon cortadas por la mitad
4 cdas. de mayonesa japonesa (véase p. 9)
Copos de bonito (véase p. 9) y alga aonori (véase p. 9), al gusto

Para la salsa okonomiyaki:

4 cdas. de kétchup
1 cda. de salsa de soja clara
1 cda. de puré de manzana
Un chorrito de salsa worcester

Separar la clara y la yema de 2 huevos y reservar las claras en frío. Batir las yemas con el dashi y el resto de los huevos. Juntar la harina y la levadura, tamizar, mezclar con los huevos y salar. (Si quedan grumos, puedes triturar la masa brevemente con la batidora de mano.) Limpiar las cebolletas, picar fino e incorporar. Dejar reposar la masa 10 minutos.

Mientras tanto, preparar una salsa con el kétchup, la salsa de soja, el puré de manzana y la salsa worcester. Montar las claras a punto de nieve con una pizca de sal utilizando las varillas de la batidora de mano y después mezclar con la masa sin batir demasiado. Calentar el horno a 60 °C.

Pelar las zanahorias y rallar grueso. Limpiar la col y picar fino. Salar las zanahorias y la col y añadir a la mezcla.

Calentar 2 cucharadas de aceite en una sartén antiadherente pequeña (aprox. 22 cm), echar un cucharón de masa, cocinar 3-4 minutos a fuego medio; mientras se hace, poner encima 3 lonchas de beicon. Voltear la tortita con ayuda de dos espátulas y cocinar 3-4 minutos más.

Sacar de la sartén y dejar escurrir sobre papel de cocina con el beicon hacia arriba. Conservar caliente en una bandeja en el horno. Repetir con otras 6-8 tortitas hasta que se acabe la masa.

Poner la salsa okonomiyaki y la mayonesa en dos mangas pasteleras de boquilla muy fina y decorar las tortitas. Espolvorear con un par de copos de bonito y un poco de alga aonori al gusto y servir.

TORTITAS TAKOYAKI

Las takoyaki, unas bolitas crujientes rellenas de pulpo (tako), también han adquirido cierta popularidad en Europa gracias al floreciente mercado de la comida callejera. Sin embargo, prepararlas en casa es difícil, ya que se necesita una sartén especial con cavidades semicirculares y cierta habilidad y paciencia. Mis minitortitas takoyaki también pueden elaborarse sin sartén especial, ¡es muy fácil!

Tiempo de elaboración: 35 minutos (más 10 minutos de reposo de la masa)

250 ml de dashi (véase p. 21, si no fondo de pescado o caldo vegetal)
3 huevos (M)
300 g de harina
2 cdtas. de levadura en polvo
Sal
2 cebolletas finas
150-200 g de pulpo cocido (véase consejo)
Aceite para cocinar
4 cdas. de kétchup
4 cdas. de mayonesa japonesa (véase p. 9)
Copos de bonito (véase p. 9) y alga aonori (véase p. 9), al gusto

Batir los huevos con el dashi. Tamizar la harina y la levadura y mezclar con los huevos para obtener una masa homogénea, salar ligeramente. (Si quedan grumos, la masa puede pasarse por la batidora de mano.) Limpiar las cebolletas, picar fino e incorporar a la masa. Dejar reposar 10 minutos.

Picar el pulpo. Calentar el horno a 60 °C. Calentar una sartén con el fondo cubierto de aceite. Bajar a fuego medio y verter cucharadas de masa en la sartén, esparcir un poco de pulpo sobre cada tortita y cocinar 2-3 minutos. Voltear con una espátula y cocinar otros 2-3 minutos.

Sacar y dejar escurrir brevemente sobre papel de cocina con la parte del pulpo hacia arriba. Conservar caliente en una bandeja en el horno. Repetir 2-3 tandas hasta que se acabe la masa.

Poner el kétchup y la mayonesa en dos mangas pasteleras de boquilla muy fina y decorar las tortitas antes de servir. Si se desea, espolvorear un par de copos de bonito y un poco de alga aonori.

Consejo: El pulpo se puede cocer en agua con sal durante varias horas, pero el esfuerzo no merece la pena para una cantidad tan pequeña. Pide pulpo cocido en tu pescadería. En las tiendas asiáticas y en algunos supermercados también suele haber pulpo cocido en el congelador. Y lo que siempre se encuentra es ensalada de pulpo ya aliñada, que puede enjuagarse con agua caliente y utilizarse directamente; la ligera acidez no perjudicará el resultado de la receta. Las gambas, a pesar de ser un ingrediente atípico, también son una buena alternativa.

YAKISOBA

Este clásico de los fideos salteados japoneses se prepara tradicionalmente con fideos de trigo yakisoba. Son un poco más gruesos que los fideos ramen, aunque estos también pueden utilizarse. Un buen sustituto son los fideos asiáticos mie, que ya suelen encontrarse en los supermercados. En realidad, cualquier tipo de fideo cocinado al dente servirá. Lo importante es la sabrosa salsa yakisoba, que aporta el aroma a los fideos. Las demás guarniciones pueden modificarse, aquí te presento una variante clásica con beicon crujiente, col salteada y huevo.

Tiempo de elaboración: 25 minutos

Para 2 personas

200 g de fideos yakisoba o mie
20 g de jengibre
50 ml de salsa de soja clara
50 ml de dashi (véase p. 21, si no caldo de pollo o vegetal)
1 cda. de kétchup
1-2 cdtas. de salsa worcester
1 cdta. de vinagre de arroz (o un chorrito de vinagre de vino blanco)
1 cdta. de azúcar
180 g de col puntiaguda
1 cebolla pequeña
4-6 lonchas de beicon
2 cdas. de aceite para cocinar
2-4 huevos (M)
Sal
2 tiras de alga nori

Cocer los fideos siguiendo las indicaciones del paquete. Pelar el jengibre, rallar fino y mezclar con salsa de soja, dashi, kétchup, salsa worcester, vinagre de arroz y azúcar para obtener la salsa. Colar los fideos, cortar la cocción con agua fría y escurrir.

Limpiar la col y cortar en tiras, pelar la cebolla y picar en juliana. Cortar el beicon en trozos de bocado y dorar en una sartén antiadherente grande o en un wok. Sacar y reservar.

Poner la col con la cebolla y 1 cucharada de aceite en la sartén y saltear 3-4 minutos removiendo. Apartar hacia el borde de la sartén. Verter los fideos, añadir la salsa, y saltear removiendo hasta que los fideos hayan absorbido la salsa por completo. Añadir el beicon y mezclar todo.

En otra sartén, calentar 1 cucharada de aceite, romper encima los huevos, freírlos 4-6 minutos y salar. Mientras tanto, cortar el nori en tiras finas y disponer sobre los fideos junto con los huevos.

YAKIMESHI DE GAMBAS

El arroz blanco salteado japonés no se cocina mucho y su aroma es suave. Así, el sabor lo aportan los demás ingredientes, que suelen ser guisantes, huevo, cebolleta y jamón de York, pero también gambas crujientes, como en este caso.

Tiempo de elaboración: 30 minutos (si el arroz ya está cocido y enfriado)

Para 2 personas

450 g de guisantes frescos en vaina (o 150 g de guisantes congelados)
350 g de arroz para sushi cocido y enfriado (véanse pp. 47-49)
2 cdtas. de mayonesa japonesa (véase pp. 9)
4 huevos
1 cdta. de salsa de soja dulce
4 cebolletas finas
1 cebolla pequeña
200 g de colas de gamba (sin cabeza ni cáscara)
Aceite para cocinar
20 g de jengibre
Sal

Para sacar los guisantes de las vainas, romper el tallo y estirar del hilo del borde. Abrir la vaina y desgranar los guisantes con el pulgar. Blanquear en agua hirviendo durante 1 minuto, cortar la cocción con agua fría y escurrir.

Mezclar el arroz con la mayonesa y al mismo tiempo ahuecar. Batir ligeramente los huevos con la salsa de soja. Limpiar las cebolletas y picar en aros finos.

Pelar la cebolla y cortar en daditos. Limpiar las gambas, secar, picar y dorar junto con la cebolla en una sartén antiadherente grande con 3 cucharadas de aceite. Pelar el jengibre, rallar fino y mezclar con las gambas. Añadir el arroz y los guisantes y saltear 2 minutos más.

Empujar todo hacia los bordes de la sartén de manera que quede un hueco en el centro. Calentar en él 1 cucharadita de aceite, verter el huevo y dejar cuajar removiendo de vez en cuando, puede y debe quedar un poco húmedo. A continuación mezclar el huevo con las cebolletas y el arroz, saltear 1 minuto más ahuecando el arroz. Salar.

OYAKODON

Tiempo de elaboración: 20 minutos (si el arroz ya está cocido)

- 350 g de arroz cocido para sushi (véanse pp. 47-49)
- 6 huevos (M)
- 3 cebolletas finas
- 200 g de pechugas de pollo (sin piel ni hueso)
- 1 cebolla pequeña
- 1 cda. de aceite para cocinar
- 250 ml de caldo intenso de pollo (véase p. 16)
- 100 ml de dashi (véase p. 21)
- 2 cdas. de salsa de soja
- 1 cdta. de azúcar

La palabra *donburi* no solo se refiere a los grandes cuencos de comida, también es sinónimo de comida rápida sencilla y con tradición. Los variados platos de arroz servido en cuencos se popularizaron durante la era Meiji (1868-1912), cuando se produjo una apertura hacia el mundo occidental y la consiguiente modernización de la sociedad japonesa. Los nombres de los distintos platos* resultan de combinar el nombre de la guarnición con la abreviatura de donburi, «don». En la siguiente receta se unen pollo y huevo; oyakodon significa «cuenco de padres e hijos».

Preparar el arroz como en las páginas 47-49, pero no condimentar con vinagre, y enfriar. Batir los huevos someramente. Limpiar las cebolletas, cortar en aros finos la parte verde de una de ellas y reservar, cortar el resto en trozos de unos 2 centímetros. Limpiar la carne de pollo, secar y cortar en tiras del tamaño de un bocado.

Pelar las cebollas, cortar en juliana y rehogar en una sartén con aceite durante 2 minutos. Mezclar el caldo de pollo con el dashi, la salsa de soja y el azúcar, añadir a la sartén y llevar a ebullición. Añadir el pollo y cocinar a fuego suave durante 3 minutos sin tapar.

Añadir la cebolleta y cocinar 1 minuto más sin tapar. Entonces repartir la mezcla de huevo sobre la sartén de forma homogénea, no revolver y dejar cuajar a fuego suave durante 3-4 minutos. El huevo puede quedar húmedo y jugoso porque seguirá cocinándose sobre el arroz caliente.

Repartir el arroz en cuencos precalentados y poner encima las porciones de tortilla. Esparcir la parte verde de la cebolleta por encima y servir.

* En las siguientes páginas encontrarás más recetas de donburi, como por ejemplo gyudon (ternera con cebolla, véase p. 149) y mabodon (carne picada y tofu, véase p. 151), butadon (filete, véase p. 153) y shakedon (salmón, véase p. 154).

GYUDON

Gyudon, el cuenco de carne de ternera con cebolla estofada y rábano rojo, aparece en la carta de muchos restaurantes de donburi rápido, ¡y eso que se trata de un plato exquisito!

Tiempo de elaboración: 30 minutos (si el arroz ya está cocido). ¡Preparar el rábano el día anterior!

1 rábano rojo pequeño de unos 120-150 g
1 cucharadita de vinagre de arroz, si no de vino blanco
2 cdtas. de azúcar
Sal
Aceite
350 g de arroz cocido para sushi (véanse pp. 47-49)
2 cebollas pequeñas
50 ml de sake (véase p. 10)
400 ml de caldo de ternera
100 ml de salsa de soja
20 g de jengibre
2 setas shiitake secas (o 10 g de boletus o setas variadas secas)
400 g de carne de ternera, lomo o bistec, bien limpia
Pimienta negra recién molida
1 cebolleta fina

Limpiar el rábano, cortarlo en rodajas y después en bastones, marinar con el vinagre y 1 cucharadita de azúcar. Dejar reposar en el frigorífico toda la noche. Al día siguiente, salar y mezclar con 1 cucharadita de aceite.

Preparar el arroz como en las páginas 47-49, pero no condimentar con vinagre, y enfriar. Pelar las cebollas y cortar en rodajas finas. Calentar 3 cucharadas de aceite en una cazuela y rehogar la cebolla durante 6-8 minutos hasta que se dore sin dejar de dar vueltas. Añadir 1 cucharadita de azúcar. Cubrir con el sake y añadir el caldo de ternera y la salsa de soja. Pelar el jengibre y rallar fino. Limpiar las setas shiitake y echar al caldo de ternera junto con el jengibre. Cocer 10 minutos sin tapar.

Limpiar la carne de ternera, secar y cortar en tiras delgadas, sazonar con pimienta. Calentar 2 cucharadas de aceite en una sartén antiadherente grande, hacer la carne a la plancha a fuego fuerte. Retirar las setas del caldo con la cebolla y verter el líquido en la sartén. Llevar a ebullición y cocer sin tapar durante 1 minuto.

Limpiar las cebolletas y picar fino la parte verde. Escurrir el rábano. Repartir el arroz en cuencos precalentados y poner encima la ternera. Verter por encima la salsa de la sartén, esparcir el rábano y la parte verde de la cebolleta por encima y servir.

MABODON

Una de las recetas de donburi que más les gusta a los japoneses tiene origen chino. El mabodon está inspirado en uno de los grandes clásicos de la cocina de Sichuan: el *mapo tofu* consiste en dados de tofu servidos en una salsa picante de carne picada. Los ingredientes principales se combinan para crear una sensación especial en el paladar, y a ello se añade el picante vivo de la receta original. En su versión japonesa, el plato es bastante más suave, pero cada uno puede condimentarlo para alcanzar el nivel de picante de Sichuan.

Tiempo de elaboración: 25 minutos (si el arroz ya está cocido)

350 g de arroz cocido para sushi (véanse pp. 47-49)
1 cebolla
1-2 dientes de ajo
500 g de carne picada de cerdo
4 cdas. de aceite de cacahuete para cocinar
20 g de jengibre
1 cucharadita de pasta miso
½-1 cdta. de salsa tobanjan (o salsa picante roja)
1 cdta. de vinagre de arroz, si no de vino blanco
4 cdas. de salsa de soja
1 cdta. de azúcar
500 ml de caldo vegetal (véase p. 16)
200 g de tofu firme
Varias ramas de cilantro

Preparar el arroz como en las páginas 47-49, pero no condimentar con vinagre, y enfriar. Pelar la cebolla y el ajo y picar en daditos. Saltear la carne picada, la cebolla y el ajo en una sartén grande con aceite de cacahuete caliente hasta que se dore y la carne se separe.

Pelar el jengibre, rallar fino y añadir. Incorporar también la pasta miso, la salsa tobanjan, el vinagre, la salsa de soja y el azúcar. Cubrir con el caldo y llevar a ebullición. Cortar el tofu en dados y añadir. Dejar hervir 5 minutos sin tapar hasta que la salsa engorde un poco. Mientras tanto, pasar el cilantro por agua y secar. Verter la salsa de carne y tofu sobre el arroz y servir con las hojas de cilantro por encima.

BUTADON

A los japoneses también les gusta la buena carne, y en este caso se sirve con una salsa de cebolla sobre col salteada. Tradicionalmente, la carne de cerdo cortada en láminas finísimas se cocina directamente en la salsa. Pero en esta versión moderna más popular, los minifiletes se hacen a la plancha y después se terminan de cocinar en la sabrosa salsa.

Tiempo de elaboración: 25 minutos (si el arroz ya está cocido)

350 g de arroz cocido para sushi (véanse pp. 47-49)
450 g de aguja de cerdo (entera)
2 cdas. de sake (véase p. 10)
2 cebollas pequeñas
250 g de col
7 cdas. de aceite para cocinar
1 cdta. de azúcar
400 ml de caldo vegetal (véase p. 16)
50 ml de salsa teriyaki (véase p. 10)
Sal

Preparar el arroz como en las páginas 47-49, pero no condimentar con vinagre, y enfriar. Cortar la carne de cerdo en 8 minifiletes delgados, lavar, secar y marinar con sake. Pelar las cebollas y cortar en juliana. Limpiar la col y cortar en tiras de 1 centímetro de anchura.

Calentar el horno a 60 °C. Secar la carne, calentar 3 cucharadas de aceite en una sartén antiadherente grande y hacer a la plancha 2-3 minutos por cada lado a fuego fuerte. Retirar y conservar caliente en el horno.

Poner la cebolla en la sartén con 2 cucharadas de aceite y dorar durante 4-6 minutos sin dejar de dar vueltas. Incorporar el azúcar, cubrir con el caldo y la salsa teriyaki y dejar que la salsa engorde durante 3-4 minutos sin tapar. Sacar los filetes del horno, añadir a la salsa y dejar cocinar a fuego suave durante 2 minutos más. Retirar del fuego y dejar reposar.

Saltear la col en otra sartén con 2 cucharadas de aceite a fuego medio durante 4-5 minutos hasta que se dore, y salar. Colocar el arroz con la col y la carne en cuencos precalentados.

SHAKEDON

También hay platos de donburi «fríos» en los que las delicias marinadas en crudo se sirven sobre arroz templado. Un ejemplo es el chirashi-sushi de la página 56, y en el caso de shakedon el ingrediente principal es el salmón fresco.

Tiempo de elaboración: 20 minutos (si el arroz ya está cocido y templado)

350 g de arroz cocido (véanse pp. 47-49)
400 g de lomo de salmón (sin piel, listo para cocinar, sin espinas)
5 cdas. de salsa de soja clara más 1-2 cdtas. para condimentar
1 cdta. de sirope de jengibre (véase p. 11)
80 g de pepino
Sal
4 hojas de mizuna* (al gusto, también lechuga rizada)
Un chorrito de zumo de limón
1-2 pizcas de pasta de wasabi (véase p. 11)
Jengibre encurtido (véase p. 62)
100 g de huevas de trucha

Preparar el arroz como en las páginas 47-49. Lavar el lomo de salmón, secar y cortar a lo largo de manera que se obtenga un filete grueso y un trozo sobrante. Aplanar este pedacito y picar fino en forma de tartar, condimentar con 1-2 cucharaditas de salsa de soja y sirope de jengibre.

Limpiar los pepinos, partir por la mitad a lo largo y cortar en rodajas, salar ligeramente y disponer en abanico. Limpiar la mizuna* y secarla con un escurridor de lechuga. Preparar una salsa con 5 cucharadas de salsa de soja, el zumo de limón y wasabi al gusto. Cortar el filete en rodajas finas y untar un lado de las rodajas con la salsa. Colocar las láminas sobre el arroz templado en cuencos con el lado de la salsa hacia abajo. Decorar con el pepino, la mizuna y el jengibre encurtido. Coronar con el tartar de salmón y las huevas de trucha, y servir enseguida.

*** Las hojas de mizuna son brotes de col japonesa que cada vez se comercializan más en Europa, tanto de invernadero como cultivados al aire libre (a partir de abril). La mizuna está emparentada con coles como el colinabo o la col china. Esto se percibe también en su sabor ligeramente picante, como a mostaza.**

ESPAGUETIS CON MISO

¡Esto sí que es comida rápida! Combinar el sabroso miso con la mantequilla aromática es una idea tan sencilla como maravillosa, puro umami. La mezcla funciona con verdura al vapor, con carne a la plancha, con pescado, con marisco... y también con espaguetis. Elaboración nula, tres ingredientes (el sésamo no es necesario) y solo el tiempo necesario para cocer la pasta. Esta bomba de sabor es adictiva.

Tiempo de elaboración: 8 minutos

350 g de espaguetis
1 cda. de sésamo blanco o negro
50 g de mantequilla
25 g de pasta miso clara

Cocer los espaguetis siguiendo las indicaciones del paquete. Tostar el sésamo en una sartén sin aceite durante 4-5 minutos. Mientras tanto derretir la mantequilla en una cazuela o una sartén, y añadir el miso mezclando con unas varillas. Verter 100 ml del agua de cocción de la pasta y llevar a ebullición hasta obtener una salsa cremosa. Retirar del fuego. Escurrir la pasta y, aún mojada, mezclar con la mantequilla de miso. Servir enseguida.

ALMEJAS
al sake

En el Mediterráneo, las almejas suelen prepararse con vino blanco y ajo. En cambio en Japón huelen a sake y cebolleta, y el jengibre añade un toque especialmente fresco y un poco picante a la sabrosa salsa que también puede comerse a cucharadas. Repetirás.

Tiempo de elaboración: 20 minutos

- 1 kg de almejas (si no mejillones)
- 2 cebolletas finas tiernas
- 25 g de jengibre
- 1 cda. de aceite para cocinar
- 100 ml de sake
- 200 ml de dashi (véase p. 21, si no fondo de pescado)
- 2 cdtas. de salsa de soja dulce (véase p. 10, si no salsa de soja clara)
- 40 g de mantequilla

Cepillar las almejas bajo el grifo de agua fría, limpiar las barbas, y desechar las almejas ya abiertas que no se cierren presionándolas. Lavar las cebolletas y cortar en trozos de 2-3 centímetros de largo. Pelar el jengibre y cortar primero en rodajas y después en bastones finos.

Calentar el aceite en una cazuela y rehogar el jengibre y la cebolleta. Añadir las almejas y remover. Mezclar el sake con el dashi y la salsa de soja e incorporar. Llevar a ebullición, tapar y cocinar las almejas 3-4 minutos al vapor.

Retirar las almejas de la salsa con una espumadera y disponer en un cuenco precalentado. Echar la mantequilla a la cazuela y mezclar todo con unas varillas. Verter sobre las almejas y servir enseguida.

Japón vegetariano

La cocina verde de Japón: variedad y los mejores ingredientes

En la filosofía de la cocina japonesa, los agricultores, ganaderos y pescadores tienen la importancia que también les correspondería en nuestra cultura. El producto siempre es la estrella de los platos, y es el productor quien merece los honores y el reconocimiento. Según los cocineros japoneses, el agricultor en el campo, el ganadero en los pastos y el pescador en el mar hacen la labor principal, de la cual depende después la tarea técnica de cocinar. Según uno de sus principios, «cocinar es cortar». La labor del cocinero es dar la forma perfecta al mejor producto para el disfrute del comensal. Y esto no se limita al corte de pescados y carnes, cuando la trayectoria del cuchillo es decisiva para el sabor (y la sensación en boca), sino que se aplica a todos los productos de la cocina japonesa, en la que la verdura tiene la misma importancia que los pescados especiales o la carne de gran calidad.

Agricultor y cocinero. Un vínculo de confianza generación tras generación

En la gastronomía japonesa, los cocineros y los proveedores muchas veces establecen una colaboración que se mantiene durante generaciones. Los restaurantes llevan a orgullo recibir su suministro de este o aquel agricultor cuya verdura es especialmente aromática o bonita. De hecho, esa fue una de las dificultades a las que se enfrentó el cocinero estrella Rene Redzepi cuando abrió una sucursal temporal de su restaurante Noma en Tokio durante varias semanas en 2015: le costó mucho encontrar proveedores que cumplieran con sus exigencias y que al mismo tiempo no trabajaran en colaboración exclusiva con algún restaurante japonés.

La creatividad también suele dejarse guiar por el producto y la tradición, y la cocina puramente vegetariana siempre ha tenido un papel central en este aspecto, junto con el pescado y el marisco. Durante más de 1.200 años, la doctrina budista prohibía a los japoneses comer carne. Esta no se convirtió en un alimento conocido y popular hasta lo que se conoce como la era Meiji, en torno al 1900. En la cocina japonesa se utilizan con especial frecuencia los granos de soja verde, el edamame, el rábano daikon, el pepino, la col china y la berenjena. En muchas ocasiones se sirven verduras encurtidas o fermentadas, y las espinacas y las setas son consideradas exquisiteces, al igual que los brotes de bambú, la calabaza y la bardana. Las siguientes páginas reúnen muchas recetas de la cocina vegetariana japonesa en las que el sabor de la verdura utilizada queda en primer plano, combinada de forma estimulante con sabores ácidos, salados y/o picantes. Encontrarás aperitivos, platillos, guarniciones y ensaladas.

Omotenashi. La cocina vegetal del joven Zaiyu Hasegawa

Durante mi visita al restaurante Jimbocho Den, descubro cuál podría ser el futuro de la cocina vegetal japonesa. El chef Zaiyu Hasegawa, uno de los «jóvenes salvajes», ofrece en su restaurante cocina kaiseki-ryori, que originalmente se servía durante la ceremonia del té de la tradición budista zen y que consistía en muchas pequeñas raciones. Hoy en día también se conoce como kaiseki-ryori un menú ligero de varios platos al estilo europeo.

Omotenashi es la palabra japonesa para hospitalidad, el profundo deseo de hacer felices a los invitados. El arte japonés de la discreción atenta crea un ambiente relajado y familiar en el que el anfitrión y el invitado pueden tratarse con respeto y al mismo nivel. El omotenashi es la base de la filosofía culinaria de Zaiyu Hasegawa. Además, para este renovador del kaiseki-ryori clásico, el humor también forma parte de la cocina. Los platos tradicionales se revisan sin

miramientos, y para el disfrute de los comensales, muchas veces se acompañan de referencias a la cultura pop moderna de Japón. Por ejemplo, el preludio de uno de los menús de Hasegawa es un sándwich monaka, un gofre relleno de pasta dulce de judía roja que puede comprarse en todas las gasolineras y estaciones del país. Pero el de este cocinero está envuelto en papel encerado con el logotipo del restaurante, y en su interior se esconde una capa de higadillos con una mermelada agridulce de albaricoques en conserva.

En el restaurante Jimbocho Den hay muchas risas y muchas sorpresas, pero la diversión nunca es a costa del sabor. Aquí se sirve kaiseki ryori, alta cocina japonesa que en este caso le ha valido dos estrellas Michelin. Y aquí como el que probablemente es el plato más extraordinario y sorprendente de todo el viaje, una elaboración con verdura. Nos sirven unos brotes de bambú incandescentes, las hojas secas exteriores todavía arden un poco, en el interior se esconden los corazones de bambú calientes, y en ese momento decido no volver a comprar los brotes en lata de los que de todos modos ya desconfiaba. Ahora lo sé con certeza: los brotes de bambú en lata pierden su alma para llegar a nosotros. Acompañados con coles de Bruselas (!) y boniato a la parrilla, son toda una revelación.

El menú, servido en una vajilla preciosa, continúa con una ensalada que recuerda al clásico del chef francés Michel Bras: el Gargouillou, un exuberante conjunto de verduras jóvenes, flores y hierbas. La versión de Hasegawa tiene un aspecto mucho más sencillo, pero el sabor, los aromas y las texturas cambian en cada bocado. Las minizanahorias crujientes bañadas en té, por ejemplo, o las chips de tupinambo. El regusto que deja es refrescante y divertido: al terminar el plato, una carita de zanahoria nos obsequia con la mejor de las sonrisas. Es infancia, pero también un guiño a la cultura asiática de los vegetales tallados. Hasegawa es un artista.

En los platos de carne y pescado, la verdura también es la protagonista de sus creaciones. Un buen ejemplo de ello es su *labskaus* japonés. Este plato marinero se prepara aquí en una cazuela con arroz y *corned beef*, y en lugar de la clásica ensalada de remolacha se sirve rábano crudo condimentado con vinagre acompañado de col fermentada, todo ello en un plato aparte. Zaiyu Hasegawa lo prepara en una gran cazuela y después mezcla la cama de arroz caliente con la carne guisada. Un poco de grasa natural y la gelatina de la carne de ternera aportan una textura algo cremosa al plato. Una creación genial y sabrosa que se acompaña de la aromática «verdura ácida», de manera que el rábano y la col se convierten en estrellas del menú.

De postre: hojas, guijarros, tierra, musgo

Para el postre regresamos al jardín: despliegan ante nosotros papel de periódico y un guante de jardinería, después viene una pala con un montón de hojas, guijarros, tierra y musgo. Y todo sabe de maravilla. La tierra es crema de té verde dulce y fresca con eneldo, cebada tostada, café en polvo y crocante molido, que se sirve con «guijarros» de frutos secos y delicadas hojas. Dentro de una taza de Starbucks (en la que pone «Star Comebacks Den», un guiño a la pérdida temporal de una de las estrellas), hay una crema de chocolate y caramelo amargo, trufas negras y espuma dulce de leche: un sabor amargo, dulce, salado y sencillamente profundo. La broma nunca se presenta sola, el sabor siempre acompaña, es magnífico. Además, Zaiyu Hasegawa es tan amable como alegre, y junto con su equipo obsequia a cada comensal con una velada amena y placentera.
Pues eso, omotenashi.

TOFU SEDOSO
en salsa ponzu shoyu de mandarina

Este plato elegante, fresco y ligero resulta especialmente delicioso en días calurosos o como plato sabroso y refrescante en un menú japonés.

Tiempo de elaboración: 10 minutos
(más 20 minutos de enfriamiento)

1 mandarina
1 lima
50 ml de mirin (véase p. 9)
100 ml de dashi (véase p. 21)
100 ml de salsa de soja clara
y suave
50 g de rábano blanco
Sal
1 gotita de vinagre de arroz
o de vino blanco
1 cebolleta fina
280 g de tofu sedoso

Para la salsa ponzu shoyu, exprimir la mandarina y la lima, calentar brevemente (¡no hervir!) el zumo junto con el mirin, el dashi y la salsa de soja y dejar enfriar.

Mientras tanto, pelar el rábano y rallar fino, salar ligeramente y condimentar con vinagre. Limpiar las cebolletas y picar la parte verde en rodajas lo más finas posibles. Cortar con cuidado el tofu sedoso en cuatro trozos y colocar en los platos con la salsa. Escurrir ligeramente el rábano rallado y poner todavía húmedo sobre el tofu. Decorar con las rodajas de cebolleta y servir.

ENSALADA DE FIDEOS SOBA

Esta ensalada de fideos soba con un ligero sabor a nuez bañados en salsa con huevo picado y lechuga crujiente es un refrescante y a la vez sabroso plato de verano.

Tiempo de elaboración: 20 minutos

4 huevos cocidos
½ cabeza de lechuga romana
200 g de fideos soba (véase p. 10)
Sal
100 ml de dashi (véase p. 21)
4 cdas. de salsa de soja
2 cdas. de vinagre de arroz o 1-2 cdas. de vinagre de vino blanco
20 g de pasta miso clara (véase p. 19)
2 cdas. de aceite

Pelar y picar los huevos duros. Cortar la lechuga en juliana, lavar y secar con el escurridor. Cocer los fideos soba durante 4-6 minutos en agua con sal siguiendo las indicaciones del paquete, enfriar con agua y escurrir.

Preparar una salsa con el dashi, la salsa de soja, el vinagre, la pasta miso y el aceite, y mezclar con los fideos. Coronar con el huevo y la lechuga y servir.

Consejo: Puedes aromatizar la salsa con 1 gota de aceite de sésamo o de nuez, y también espolvorear la lechuga con sésamo tostado.

JUDÍAS VERDES
con salsa de tofu

Esta cremosa salsa de tofu no solo es un elegante acompañamiento para las judías verdes, sino que combina bien con cualquier tipo de verdura cruda o cocida.

Tiempo de elaboración: 10 minutos (más 20 minutos de reposo)

1 cda. de sésamo blanco
1 cdta. de sésamo negro
250 g de judías verdes
Sal
150 g de tofu sedoso
1 cda. de salsa de soja clara
1 cda. de mirin (véase p. 9 para alternativas)
½ limón ecológico

Dorar el sésamo blanco en una sartén sin aceite, y tostar también el sésamo negro durante 3-4 minutos. Cortar el tallo de las judías verdes y cocer en agua con sal durante 7 minutos. Enfriar rápidamente en agua fría (incluso con un par de cubitos de hielo).

Para la salsa, triturar el tofu sedoso, el sésamo blanco, la salsa de soja, el mirin y un chorrito de zumo de limón. Disponer las judías y rociar con la salsa. Decorar con un poco de ralladura de limón y sésamo negro y servir.

Consejo: si se utilizan 250 g de tofu sedoso, se obtiene una salsa cremosa para mojar.

TOFUNESA
(mayonesa vegana)

Siguiendo el principio de la vinagreta, con tofu sedoso también puede elaborarse una mayonesa sin huevo. Para ello, triturar con la batidora de vaso **½ diente de ajo pelado, 250 g de tofu sedoso** y **2 cdas. de aceite**. Sazonar con **sal, pimienta, una pizca de azúcar** y **un chorrito de zumo de limón**.

RABANITOS CON SOJA

Tiempo de elaboración: 15 minutos

1 manojo de rabanitos
1 cda. de sésamo
Sal
4 cdas. de salsa de soja dulce (véase p. 10)
1-2 cdtas. de vinagre de arroz (véase p. 11 para alternativas)
1 cda. de aceite

A los japoneses les encanta el rábano, ya sea rallado, a la plancha, guisado, crudo o en ensalada. Y como el rabanito europeo también está emparentado con el rábano, estos pequeños tubérculos picantes son un invitado estrella en la cocina japonesa.

Limpiar a fondo con agua templada los rabanitos con sus hojas. Retirar las hojas tiernas y reservar en agua fría, eliminar el resto de hojas. Cortar los rabanitos por la mitad. Dorar el sésamo en una sartén sin aceite y salar ligeramente.

Preparar una vinagreta con salsa de soja, vinagre y aceite, marinar los rabanitos con ella. Poco antes de servir, añadir las hojas tiernas y el sésamo tostado.

Consejo: Los rabanitos también pueden guardarse entre 1-3 días tapados en el frigorífico. Se endurecerán y se arrugarán un poco, pero el marinado será más intenso y cada día que pase estarán más ricos.

敬

ENSALADA DE PEPINO

Su sabor es salado, picante y delicadamente ácido: la ensalada de pepino japonesa refresca y es un tentempié perfecto para las noches templadas de verano así como un acompañamiento universal para la mayoría de las recetas de la gastronomía del país.

Tiempo de elaboración: 10 minutos (más 20 minutos de reposo)

400 g de pepinos ecológicos (véase consejo)
Sal
1-2 cdas. de vinagre de arroz (véase p. 11 para alternativas)
1 pimiento de Cayena, al gusto
1 cda. de miel líquida
1 cdta. de aceite
1 gota de aceite de sésamo
2 cdas. de sésamo

Limpiar los pepinos y cortar en triángulos de bocado acabados en punta. Salar abundantemente y añadir el vinagre. Cortar el pimiento de Cayena por la mitad, limpiar de semillas, cortar en rodajas finas y añadir al gusto (con cuidado, enseguida se vuelve muy picante). Dejar reposar 20 minutos y después añadir la miel y los aceites. Guardar tapado en el frigorífico hasta el momento de servir. Tostar el sésamo en una sartén sin aceite y espolvorear sobre la ensalada antes de servir.

Consejo: Los pepinos pequeños son perfectos para esta ensalada, pero también pueden utilizarse los grandes cortados en dados. En cualquier caso, merece la pena buscar pepinos ecológicos porque tienen más sabor y pierden menos agua que sus congéneres de agricultura convencional.

Variantes:

En algunas recetas japonesas se añade a la ensalada jengibre en láminas finísimas. También puede completarse con trocitos de alga wakame reblandecida para darle más textura.

Antes de servir la ensalada, se puede espolvorear con sésamo negro tostado y/o blanco.

ENSALADA DE COL JAPONESA

La ensalada de col japonesa es fresca y crujiente, su sabor es ligeramente ácido y dulzón, y el jengibre le da un atractivo toque picante. Puede disfrutarse por sí sola, es un acompañamiento perfecto para sushi, tempura, platos de carne y hamburguesas, y la guarnición ideal para la próxima barbacoa. Una auténtica sorpresa.

Tiempo de elaboración: 15 minutos (más 20 minutos de reposo)

450 g de col puntiaguda (véase consejo)
Sal
20 g de jengibre (ver consejo)
1-2 cdas. de vinagre de arroz (véase p. 11 para alternativas)
1 cda. de miel líquida
2 cdas. de sésamo
1 cdta. de aceite
1 gota de aceite de sésamo

Quitar el tronco a la col, lavar y picar en juliana lo más fina posible, salar. Pelar el jengibre, rallar fino y mezclar con la col junto con el vinagre y la miel. Dejar reposar tapado durante 20 minutos.

Tostar el sésamo en una sartén sin aceite hasta que esté dorado y salar ligeramente. Añadir el aceite y el aceite de sésamo a la ensalada. Espolvorear con el sésamo y servir.

Consejo: Yo utilizo col puntiaguda, que es más tierna, pero también son adecuados otros tipos de col blanca. Sin embargo, debido a la dureza de sus hojas, después de salarlas hay que ablandarlas o aplastarlas un poco.

En lugar de jengibre fresco y miel, también puedes añadir simplemente 2 cucharadas de sirope de jengibre, el sabor será delicioso igualmente.

ENSALADA DE PATATA
con salsa de wasabi

Tiempo de elaboración: 15 minutos (es mejor cocer las patatas el día anterior)

800 g de patatas para cocer
Sal
120 g de mayonesa (véase p. 9)
10-15 g de pasta de wasabi (véase p. 11)
1 cda. de vinagre de arroz (véase p. 11 para alternativas)
6 cdas. de dashi frío (véase p. 21, si no caldo vegetal frío)
1 cda. de sésamo negro (o sésamo blanco)
1 cebolleta fina

La ensalada de patata es un plato muy popular de la cocina japonesa de estilo occidental, aunque la consistencia de la receta original recuerda más bien a un puré de patata. Para esta receta he cortado las patatas en dados, pero los condimentos son los auténticos y, con su delicado toque picante de wasabi, convertirán a esta ensalada en la estrella de la próxima fiesta.

Cocer las patatas al dente en agua con sal, cortar la cocción con agua fría y dejar enfriar. Una vez frías, pelar y cortar en dados. Mezclar la mayonesa con el wasabi, el vinagre y el dashi, salar. Mezclar las patatas con la salsa y condimentar con vinagre y sal si es necesario.

Tostar el sésamo durante 3-4 minutos en una sartén antiadherente sin aceite. Limpiar las cebolletas, cortar en rodajas muy finas y esparcir sobre la ensalada junto con el sésamo antes de servir.

Consejo: Después de un rato la salsa se espesa un poco. Puedes diluirla con un poco de caldo o dashi siempre que sea necesario.

Esta ensalada es un magnífico acompañamiento para muchos de los platos del capítulo de la parrilla (véanse pp. 74-107).

ENSALADA DE VERDURA
con vinagreta wafu

Wafu es la palabra japonesa para la vinagreta sencilla más común en Japón, elaborada con salsa de soja, vinagre de arroz, mirin dulce y aceite, que también admite variaciones y complementos. En este caso la salsa adorna una obra de arte veraniega de verduras crudas o brevemente cocinadas. ¡Cada bocado es una crujiente experiencia única!

Tiempo de elaboración: 25 minutos

50 g de rábano blanco delgado
Sal
1 pepino pequeño
100 g de judías verdes
100 g de coliflor
4 zanahorias
4 minimazorcas de maíz (en conserva)
2 cdas. de maíz (de lata)
2 cdas. de salsa de soja
4 cdas. de dashi (véase p. 21)
1 cda. de mirin (véase p. 9)
2 cdas. de vinagre de arroz o 1-2 cdas. de vinagre de vino blanco
2-3 cdas. de aceite de girasol
Un pellizco de copos de cayena
20 g de jengibre encurtido (para sushi), o 10 g de jengibre recién rallado

Pelar el rábano, cortar en rodajas, salar y reservar. Limpiar el pepino, cortar en rodajas, salar y reservar también. Limpiar las judías y la coliflor, dividir la coliflor en pedazos de bocado. Pelar las zanahorias, cortar por la mitad a lo largo y después en cuatro trozos oblicuos. Cortar las minimazorcas por la mitad, escurrir el maíz.

Cocer las judías en una cazuela con agua con sal durante 8 minutos, después de 3 minutos añadir las zanahorias, después de 5 minutos la coliflor. Colar la verdura y enfriar con agua. Escurrir sobre papel de cocina.

Preparar la vinagreta wafu con la salsa de soja, el dashi, el mirin, el vinagre, el aceite de girasol, la cayena y 1 cucharada de líquido del frasco de jengibre. Picar el jengibre encurtido e incorporar a la mezcla.

Escurrir el pepino y el rábano y disponer en los platos con el resto de verduras. Rociar con la vinagreta y servir.

COLIFLOR SALTEADA AL GOMASIO

El gomasio es una sal de sésamo japonesa que en esta vinagreta picante realza el sabor a frutos secos de la coliflor salteada.

Tiempo de elaboración: 25 minutos (más 10 minutos para que se enfríe la coliflor)

4 cdas. de dashi frío (véase p. 21, si no caldo vegetal frío)
2 cdas. de vinagre de arroz (véase p. 11 para alternativas)
2 cdas. de salsa de soja clara
Copos de cayena al gusto
5 cdas. de aceite
1 gota de aceite de sésamo (para alternativas véase p. 8)
1 diente de ajo
2 cdas. de sésamo blanco
400 g de coliflor
Gomasio (comprado o hecho en casa, véase p. 9)

Preparar una vinagreta con el dashi, el vinagre, la salsa de soja, los copos de cayena, 1 cucharada de aceite y el aceite de sésamo. Pelar el ajo, cortar el diente por la mitad y sumergir en la vinagreta. Tostar el sésamo en una sartén sin aceite y añadir aún caliente a la vinagreta.

Limpiar la coliflor, retirar el tallo y dividir en flores, separar las hojas tiernas y reservar en agua fría. Cortar las flores en rodajas. Calentar 4 cucharadas de aceite en una sartén antiadherente grande y meter las rodajas de coliflor. Cocinar a fuego medio durante 8-10 minutos, después salar con gomasio. Dejar templar.

Disponer en una bandeja la coliflor con las hojas. Retirar el ajo de la vinagreta, rociar el plato y servir.

ESPINACAS OHITASHI

Esta «ensalada» especiada de espinaca joven rehogada es uno de los platos de verduras más apreciados, se sirve casi en cualquier lado y se come solo o como acompañamiento. Para mí, las espinacas ohitashi simbolizan a la perfección la cocina japonesa: con pocos ingredientes, se convierte un producto sencillo como la espinaca en una exquisitez compleja y delicada.

Tiempo de elaboración: 10 minutos

1 cda. de aceite
200 g de espinacas (véase consejo)
1 cda. de sésamo
Sal
6 cdas. de dashi frío (véase p. 21, si no caldo vegetal frío)
3 cdas. de salsa de soja clara
1 cda. de mirin (véase p. 9 para alternativas)
1 gota de aceite de sésamo (para alternativas véase p. 9)

Calentar el aceite en una sartén. Lavar las espinacas, ponerlas mojadas en la sartén y remover hasta que se reduzcan. Retirar y esparcir en un plato para que se enfríen rápidamente. Lo mejor es meterlas 3-5 minutos en el congelador.

Tostar el sésamo en una sartén sin aceite hasta que esté dorado y salar ligeramente. Mezclar en un cuenco el dashi con la salsa de soja, el mirin y el aceite de sésamo. Escurrir las espinacas frías y bañar en la salsa.

Disponer las espinacas en cuenquitos, rociar con la salsa restante y espolvorear con sésamo antes de servir.

Consejo: Yo utilizo espinaca joven porque se limpia fácilmente y es muy tierna. Pero naturalmente también puedes usar espinacas normales. Sin embargo, asegúrate de limpiarlas varias veces y con cuidado en agua templada y de quitarles los tallos más gruesos antes de proceder con la receta.

ESPÁRRAGOS TRIGUEROS
con mayonesa de miso

En realidad esta receta debería llamarse «mayonesa de miso con espárragos trigueros», ya que esta salsa es una auténtica revelación para acompañar todo tipo de verduras y ensaladas. La mayonesa de miso va muy bien con ensaladas, huevo, pescado y pollo. Aprovecha y prepara un poco más de la necesaria.

Tiempo de elaboración: 10 minutos

500 g de espárragos trigueros
Sal
1-2 cdtas. de sésamo negro (o sésamo blanco)
20 g de pasta miso clara
4 cdas. de dashi frío (véase p. 21, si no caldo vegetal frío)
1 cda. de vinagre de arroz (véase p. 11 para alternativas)
80 g de mayonesa japonesa (véase p. 9)

Pelar el tercio inferior de los espárragos y cortar los extremos. Cocer al dente en agua con sal durante 2-4 minutos. Enfriar rápidamente en agua fría (incluso con un par de cubitos de hielo). Tostar el sésamo durante 3-4 minutos en una sartén antiadherente sin aceite.

Para la salsa, mezclar la pasta miso con el dashi, el vinagre y la mayonesa. Disponer los espárragos en una bandeja y rociar con la salsa. Espolvorear con el sésamo negro y servir.

ENCURTIDOS A LA JAPONESA

Estas verduras encurtidas se parecen a las occidentales, pero los condimentos son japoneses: jengibre picante y anís estrellado. ¡Todo un descubrimiento! Van especialmente bien con los platos a la parrilla o como aperitivo para picar junto con galletitas saladas.

Tiempo de elaboración: 30 minutos

Para un frasco de 1 l
o 2 de 500 ml

12 hojas de col china
Sal
4 pepinos pequeños
(aprox. 400 g)
350 g de zanahorias
250 g de colinabo
1-2 dientes de ajo
200 ml de vinagre de arroz
(véase p. 11 para alternativas)
150 g de azúcar
1 cdta. de semillas de cilantro
4 estrellas de anís
40 g de jengibre

Limpiar las hojas de la col, salar y hacer rollitos. Pelar los pepinos a rayas y cortar en trocitos de bocado. Salar y reservar. Pelar las zanahorias y cortar en rodajas. Pelar el colinabo y picar en dados.

Pelar el ajo y cortar el diente por la mitad. Llevar a ebullición el vinagre de arroz con el azúcar y 1 cucharadita rasa de sal. Añadir el ajo, las semillas de cilantro y el anís estrellado. Añadir las zanahorias y el colinabo y llevar a ebullición. Dejar cocer 2 minutos tapado.

Sacar la verdura del caldo con una espumadera y meter en frascos de conserva lavados con agua caliente alternando capas de verdura cocida con capas de pepino y de rollos de col. La verdura debería quedar compactada. Pelar el jengibre, rallar fino, añadir al caldo de cocción, llevar a ebullición y pasar por un colador para verter en los frascos. Cerrar con fuerza las tapas y dejar enfriar boca abajo sobre un trapo de cocina doblado varias veces.

Dejar reposar la verdura un par de días. Herméticamente cerrada y guardada en un lugar oscuro, la verdura encurtida se conserva durante meses. Una vez abierta puede guardarse en el frigorífico, siempre tapada y cubierta por el líquido, y también aguantará varias semanas.

* *Hakusai* es el nombre japonés de la col china que también podemos encontrar en las tiendas europeas. Al comprarla, busca cabezas firmes y pesadas con las hojas exteriores fuertes y crujientes.

ENSALADA DE DAIKON Y COLINABO

A los japoneses les encanta el rábano daikon, la «gran raíz», y lo sirven en ensalada, a la plancha, cocinado en salsa, seco o en vinagre, pero también lo rallan para condimentar platos y para acompañar todo tipo de elaboraciones. En la siguiente receta he combinado el rábano con el colinabo; una ensalada crujiente y fresca con lo mejor de ambos mundos.

Tiempo de elaboración: 15 minutos
(más 30 minutos de reposo con sal)

200 g de rábano blanco joven
1 colinabo pequeño y tierno
Sal
4 cdas. de salsa de soja dulce (véase p. 10)
2 cdas. de dashi (véase p. 21)
3 cdas. de aceite
1 pellizco de copos de cayena
Varias briznas de cebollino
Flores de cebollino al gusto

Pelar el rábano y el colinabo y cortar en rodajas finas con el cuchillo o la mandolina. Salar muy ligeramente y dejar reposar en pequeños montones durante 30 minutos.

Para la vinagreta, mezclar la salsa de soja con el dashi y el aceite, y sazonar con la cayena. Enjuagar el cebollino, secar y cortar en trocitos oblicuos.

Escurrir el colinabo y el rábano y disponer en una bandeja. Rociar con la vinagreta y espolvorear el cebollino. Si es temporada, también se puede decorar la ensalada con flores de cebollino.

Consejo: Puedes aromatizar la vinagreta con 1 gota de aceite de sésamo o de nuez.

NASU DENGAKU (berenjenas con miso)

Estas mitades de berenjena a la parrilla, de sabor ahumado y carne tierna, se bañan con una sabrosa crema de miso que después se carameliza ligeramente.

Tiempo de elaboración: 25 minutos

4 berenjenas
Aceite
Sal
1 cda. de sake, vino de arroz o jerez seco
1 cda. de pasta miso roja
1 cda. de mirin (véase p. 9)
1 cda. de azúcar
2 cdas. de sésamo blanco
1-2 cebolletas finas

Lavar las berenjenas, cortar por la mitad a lo largo y hacer cortes en forma de rejilla hasta llegar a la piel. Untar la superficie de corte con aceite, salar ligeramente y después cocinar en una parrilla a fuego medio con los cortes hacia abajo durante 4-6 minutos (o dorar en una sartén antiadherente con 6-8 cucharadas de aceite durante 6 minutos).

Dar la vuelta a las berenjenas, tapar y cocinar 3 minutos más. Preparar una pasta con el sake, la pasta miso y el azúcar y untarla en las berenjenas. Cocinar otros 5 minutos con la parrilla tapada (o en una bandeja en el horno a 200 °C).

Dorar el sésamo en una sartén sin aceite. Limpiar las cebolletas y cortar en aros finos en diagonal. Espolvorear sobre las berenjenas antes de servir.

SETAS EN MANTEQUILLA PONZU SHOYU

La ponzu shoyu es una deliciosa salsa afrutada y ácida de origen japonés para la que se mezcla zumo de limón o de otros cítricos con salsa de soja, mirin dulce y alga kombu. Me he inspirado en ella para crear una mantequilla que combina especialmente bien con verduras, pescados y mariscos. Acompañando estas setas nos regala una experiencia umami total.

Tiempo de elaboración: 25 minutos

1 mandarina, 1 limón y 1 lima ecológicos
1 cda. de salsa de soja dulce
2 cdas. de panko o pan rallado
125 g de mantequilla en pomada (a temperatura ambiente)
Sal
150-180 g por persona de setas variadas de temporada (para aperitivo, 60-80 g por persona)
2-3 cebolletas finas
Aceite vegetal
Pimienta

Lavar con agua caliente la mandarina, el limón y la lima, secar, rallar la piel, y mezclar 1 cucharadita de cada ralladura con 1 cucharadita de zumo de cada fruta. Añadir la salsa de soja, incorporar el pan rallado y mezclar todo con la mantequilla en pomada. Salar ligeramente.

Limpiar las setas y cortar en trozos de bocado. Limpiar las cebolletas y cortar en aros oblicuos. Calentar aceite a fuego fuerte en una sartén antiadherente grande, poner las setas y cocinar durante 1-2 minutos, entonces remover y dorar 2-3 minutos más. Añadir mantequilla ponzu al gusto y remover hasta que la mantequilla se haya derretido. Añadir la cebolleta, salpimentar y servir enseguida.

Consejo: ¡Los cítricos pueden modificarse al gusto! La mantequilla ponzu shoyu puede conservarse en el frigorífico, tapada aguanta fresca al menos 1 semana. Puede congelarse envuelta en papel film para tenerla siempre disponible. También puede llevarse como regalo para los anfitriones y hacer amigos para siempre.

Dulces japoneses

Fruta, judías, té matcha. El lado dulce de Japón

La oferta dulce de la gastronomía japonesa es variada, pero se basa principalmente en unos pocos ingredientes y elaboraciones que sin embargo tienen variaciones infinitas. Los ingredientes de estas dulces obras de arte suelen ser harina de trigo, arroz, legumbres, té verde, cacao, boniato, castañas y fruta.

Son especialmente populares los postres elaborados con pasta de judías azuki como los pegajosos pastelitos rellenos daifuku mochi, y sobre todo las creaciones a partir de té verde en polvo, como el helado o las tartas de té verde. Otros dulces muy apreciados son las crepes rellenas que imitan la versión francesa, o los dorayaki, unos esponjosos bollitos rellenos de pasta de judía roja. Últimamente está muy de moda el «sushi dulce».

Fruta, un artículo de lujo en la sección de alimentación

Sin embargo, muchas veces simplemente se sirve fruta de postre (o como regalo a los invitados), productos escogidos de sabor intenso y aspecto ideal. Estos preciosos frutos se ofrecen en las secciones de delicatesen de los grandes almacenes lujosamente

empaquetados y a cambio de buenas sumas de dinero. Se cultivan y se perfeccionan expresamente con este fin. Gracias a sus distintas zonas climáticas y a sus paisajes, Japón es un paraíso para las frutas más variadas y los frutos subtropicales. Son típicos los caquis, los nashi, unas peras con forma de manzana, y los ume, que por suerte ya empiezan a verse en nuestro país. Entre los cítricos, hay que mencionar las mandarinas (mikan) y los yuzu, cuyo intenso aroma se concentra en el zumo de esta fruta que también se utiliza en la cocina, por ejemplo para preparar una salsa ponzu.

En las siguientes páginas de este libro encontrarás postres seleccionados, judías dulces, tartas delicadas y recetas para el helado de té matcha o la cremosa mousse de chocolate con tofu sedoso.

FRUTA EN ALMÍBAR

Como sucede a menudo en la cocina japonesa, en el ámbito de los postres también hay muchas elaboraciones sencillas que se limitan a realzar el sabor propio de unos ingredientes de gran calidad. Los japoneses son muy exigentes, y con la fruta aún más. El sabor, la frescura y el aspecto son importantes y determinan su precio. Es habitual regalar fruta a los anfitriones, como por ejemplo unas preciosas y caras fresas envueltas individualmente en papel de seda como si fueran bombones. En la sección de alimentación de unos grandes almacenes descubro un bonito melón por unos escandalosos 32.400 yenes, casi 300 euros.

La fruta en almíbar no es tan cara. Sin embargo utilizaremos fruta de origen asiático como el nashi («pera» en japonés) o la que se conoce como ciruela japonesa (o ciruela Santa Rosa, Casselman), emparentada con el ume, originaria de Japón, China, Corea y Taiwán.

Cuando están en temporada, estas frutas empiezan a encontrarse en nuestros supermercados o fruterías. Pero naturalmente también puedes usar tus frutas favoritas. Lo único importante es no cortar la fruta en trozos demasiado pequeños, como solemos hacer para la macedonia, ya que debe reconocerse su forma para disponerla decorativamente en un cuenco.

Tiempo de elaboración: 25 minutos

Para el almíbar, llevar a ebullición **60 g de azúcar moreno** con **100 ml de agua, 1 cucharada de miel** y **1 cucharada de sirope de jengibre** (véase p. 11), hervir 4 minutos y dejar enfriar. Exprimir **1 lima** y mezclar con el almíbar templado.

Cortar la parte superior e inferior de **4 mandarinas** y pelar con un cuchillo afilado de arriba abajo de manera que también se elimine la piel blanca. Después cortar la carne en rodajas. Lavar **1 nashi** y **2 ciruelas**, quitar el hueso y las pepitas y cortar en gajos. Disponer la fruta en cuencos, rociar con el almíbar y servir decorada con **4 guindas**.

HABAS DULCES

Cuando probé este postre en el restaurante tokiota Mikawa Zezankyo (véase p. 66) me llevé una gran sorpresa, y eso que este bocado dulce es el perfecto ejemplo de la filosofía culinaria japonesa. Ningún ingrediente, ningún producto es demasiado vulgar para convertirse en el protagonista de un plato. Este postre consiste en unas sencillas habas cocidas. Acompañadas únicamente de sirope, desarrollan un sabor sorprendente: estas legumbres nos agradecen la atención prestada obsequiándonos con un aroma que recuerda a las castañas.

Estas habas dulces se sirven especialmente al comienzo del año, ya que *mame* no solo significa «judía» en japonés, sino también «empeño» y «buena salud». ¡Así que en Año Nuevo este postre nos desea salud y trabajo!

Tiempo de elaboración: 25 minutos

Dejar a remojo toda la noche **8 habas secas** por persona. Al día siguiente, cambiar el agua y cocer durante aproximadamente 1 hora.

Para el sirope, llevar a ebullición **60 g de azúcar moreno** con **1 estrella de anís, 100 ml de agua, 1 cucharada de miel** y **1 cucharada de sirope de jengibre** (véase p. 11). Añadir las habas cocidas y escurridas al sirope y cocer durante 5 minutos. Exprimir **1 lima** e incorporar. Servir templado o frío y espolvorear con **azúcar glas** al gusto.

TARTA DE QUESO Y TÉ VERDE

Esta versión japonesa de la famosa tarta de queso de frigorífico tiene un elegante aroma a té verde sobre una base crujiente de bizcocho de soletilla y sésamo tostado.

Tiempo de elaboración: 30 minutos (más 4 horas para enfriar)

Para aprox. 12 raciones
150 g de bizcochos de soletilla
130 g de mantequilla
2 cdas. de sésamo blanco tostado
6 hojas de gelatina
500 g de queso crema
300 g de yogur
2 cdas. de zumo de limón
2 cdtas. colmadas de polvo de té verde (matcha)
1 cda. de agua fría
80 ml de agua muy caliente
75 g de azúcar

Triturar los bizcochos en la picadora, derretir la mantequilla y mezclar todo con el sésamo tostado. Repartir la mezcla sobre el fondo de un molde desmontable (ø 26 cm) forrado con papel de hornear y apretar. Reblandecer la gelatina en agua fría durante 10 minutos. Mezclar el queso crema, el yogur y el zumo de limón con la batidora de mano.

Mientras tanto pasar el polvo de té matcha por un colador fino y mezclar con el agua fría con ayuda de unas varillas hasta obtener una pasta. Verter el agua caliente y batir durante 1 minuto con el mezclador tradicional de bambú (chasen), o con una escobilla pequeña o un batidor de leche, hasta que se formen muchas burbujitas. Así se despliega todo el sabor del té. Incorporar y disolver el azúcar y la gelatina escurrida. Mezclar rápidamente con las varillas la mezcla de matcha templada con la crema de queso.

Repartir encima de la base de migas y alisar la superficie. Enfriar durante al menos 4 horas. Antes de servir, espolvorear con polvo de matcha tamizado al gusto.

HELADO DE MATCHA

El aromático sabor del matcha se presenta aquí en forma de cremoso helado con sirope de jengibre. ¡Es delicioso y la receta también sale bien sin heladera!

Tiempo de elaboración: 35 minutos (más al menos 6 horas para enfriar y congelar)

4 yemas de huevo (M)
50 g de azúcar
30 g de sirope de jengibre (véase p. 11)
250 ml de leche entera (3,5 %)
2 cdtas. colmadas de polvo de té verde (matcha)
1 cda. de agua fría
80 ml de agua muy caliente
400 ml de nata para montar

Mezclar con varillas en una cazuela las yemas de huevo, el azúcar y el sirope. Calentar la leche en otra cazuela hasta que esté a punto de hervir. Añadir la leche a la mezcla de los huevos, primero a gotas y después en un chorrito fino removiendo con las varillas. Calentar todo en el fuego sin dejar de remover hasta que esté a punto de hervir. La mezcla engordará un poco. Justo antes de que empiece a hervir, verter en un cuenco pasando por un colador fino. Dejar enfriar removiendo de vez en cuando.

Mientras tanto pasar el polvo de té matcha por un colador fino y mezclar con el agua fría con ayuda de unas varillas hasta obtener una pasta. Verter el agua caliente y batir durante 1 minuto con el mezclador tradicional de bambú (chasen), o con una escobilla pequeña o un batidor de leche, hasta que se formen muchas burbujitas. Así se despliega todo el sabor del té. Añadir a la mezcla anterior ya templada y dejar enfriar del todo.

Montar la nata y mezclar con la pasta anterior con movimientos envolventes. Meter el resultado en la heladera y congelar siguiendo las indicaciones del fabricante. Si no tienes heladera, se puede meter en un recipiente metálico grande que quepa en el congelador. Dejar que se congelen ligeramente los bordes del helado, tardará más o menos dependiendo del congelador. Entonces separar el borde congelado con las varillas y batir todo con fuerza. Volver a congelar y repetir el proceso en intervalos cada vez más cortos hasta que se haya formado un helado cremoso. Disfrutarlo directamente o meterlo en un recipiente para helado y congelar. En cualquier caso, consumirlo ese mismo día o al día siguiente, descongelándolo un poco y batiéndolo para que esté cremoso.

BIZCOCHO DE JENGIBRE Y CHOCOLATE

La mermelada de jengibre, el jengibre confitado, el cacao amargo y el sésamo tostado convierten a este sencillo bizcocho en un trocito dulce de Japón.

Tiempo de elaboración 25 minutos (más 40 minutos de horno y tiempo para enfriar)

Para 20-25 dados

4 cdas. de sésamo blanco
80 g de jengibre confitado
500 g de harina
1 sobrecito de levadura en polvo
50 g de cacao auténtico
10 huevos (M)
500 g de mantequilla
500 g de azúcar moreno
4 cdas. de mermelada de jengibre

Dorar el sésamo en una sartén sin aceite. Picar fino el jengibre confitado. Tamizar la harina, la levadura y el cacao. Batir los huevos. Mezclar la mantequilla y el azúcar con la batidora eléctrica, añadir alternativamente un poco de huevo y un poco de la mezcla de harina, hasta obtener una masa homogénea y brillante. Incorporar el jengibre confitado.

Calentar el horno a 180 °C. Verter la masa en un molde cuadrado forrado con papel de hornear y alisar la superficie. Hornear durante 40 minutos en la segunda altura empezando desde abajo. Dejar enfriar un poco. Disolver la mermelada de jengibre en una cazuela mientras se remueve, pintar el bizcocho templado con ella y espolvorear con sésamo. Dejar enfriar por completo y servir cortado en dados.

Sí, puede acompañarse de nata montada o, para una guarnición un poco más auténtica, una bola de helado de matcha (véase p. 204).

MOUSSE DE TOFU SEDOSO Y CHOCOLATE

El tofu sedoso en lugar de la nata aporta una maravillosa cremosidad a la mousse de chocolate, el amargor del chocolate combina a la perfección con el dulzor del sirope de jengibre, y las avellanas tostadas añaden el toque crujiente. *Oishii!*

Tiempo de elaboración: 25 minutos (más al menos 5 horas para enfriar la crema)

100 g de chocolate negro amargo
100 g de batido de chocolate
2 cdas. de miel
2 cdas. de sirope de jengibre (véase p. 11)
550 g de tofu sedoso
100 g de avellanas en láminas
1 cdta. de aceite de nueces

Calentar el horno a 80 °C.

Romper el chocolate en trozos y derretir en el horno en un recipiente apto junto con la miel y el sirope de jengibre removiendo de vez en cuando. Escurrir el tofu sedoso y pasar por un colador fino.

Batir el tofu sedoso con el chocolate templado con ayuda de una batidora de mano hasta obtener una crema brillante. Verter en cuencos y enfriar bien en el frigorífico durante al menos 5 horas. Tostar las láminas de avellana en una sartén con el aceite de nuez sin dejar de remover. Decorar el postre con las avellanas antes de servir.

DORAYAKI

Estas tortitas rellenas de pasta de judía roja (anko) son uno de los dulces más populares de Japón. Se venden en todos los supermercados, aunque los dorayaki industriales (también conocidos como *gong*) tienen un sabor pastoso y demasiado dulce. En cambio, los dorayaki caseros recién hechos son una delicia.

Tiempo de elaboración: 45 minutos (poner a remojo las judías la noche anterior, después cocerlas y dejar que se enfríen)

Para 8–10 piezas

Para la pasta de judía roja:

150 g de judías azuki (se encuentran en el supermercado o en tiendas ecológicas)
50 g de azúcar
20 g de miel
Un chorrito de zumo de limón
Sal

Para los dorayaki:

300 g de harina
10 g de bicarbonato
20 g de azúcar
Sal
80 g de mantequilla
3 huevos (M)
150 g de zumo de naranja recién exprimido
20 g de miel más un poco para decorar
Aceite para cocinar

Para la pasta de judía roja, dejar a remojo las judías toda la noche y, al día siguiente, cambiar el agua y cocer durante 45-60 minutos, hasta que estén blandas. Escurrir y esperar a que dejen de humear. Hacer un puré junto con el azúcar y la miel, y condimentar con el zumo de limón y una pizca de sal.

Para los dorayaki, mezclar la harina, el bicarbonato, el azúcar y una pizca de sal en un cuenco. Derretir la mantequilla y dejar que se temple. Batir los huevos con el zumo de naranja y la miel, añadir a la harina junto con la mantequilla, y batir hasta obtener una masa homogénea. Dejar reposar tapado durante 10 minutos. Mientras tanto, calentar el horno a 80 °C.

Cubrir el fondo de una sartén con una fina capa de aceite y calentar. Verter 6 cucharadas de la masa en la sartén y dejar que se extienda, poner 1 cucharadita de pasta de judía en el centro y cubrir con 1 cucharada más de masa. Dorar durante 3-4 minutos a fuego suave y dejar cuajar, después voltear con decisión y cocinar otros 3-4 minutos. Escurrir el aceite sobre papel de cocina y meter en el horno en un plato para conservar caliente. Seguir preparando tortitas hasta que se acabe la masa. Servir los dorayaki calientes y salpicados con miel.

Consejo: También es muy fácil preparar dorayaki haciendo tortitas y después untándolas con la pasta de judía y cerrándolas como sándwiches.

別誂至高
酒魂
てどりがわ

Sake

&

Co.

Sake, vino, jerez y cerveza. El acompañamiento perfecto para la cocina japonesa

SAKE

El sake es la bebida perfecta para acompañar la comida japonesa. Para elaborarlo, el arroz al vapor se degrada con ayuda del hongo koji, se muele con agua y a continuación se lleva a cabo una fermentación láctica natural y con levaduras del sake. La calidad del hongo koji que se utilice determina en gran medida el aroma de la bebida. Para el sabor, también es importante el arroz que se use y el pulido de los granos de arroz antes del proceso de destilación en sí. El grado de pulido del arroz se mide en porcentajes, lo que se conoce como «tasa de pulido». Al pulirlo, se eliminan las capas exteriores de los granos de arroz; estas contienen las proteínas que aportan una acidez y un amargor indeseados. Cuanto más se pule el grano, más claro y fresco es el sabor del sake, ya que el núcleo de los granos de arroz consiste casi únicamente en almidón puro. El agua que se utiliza también es determinante. Existen diferencias notables entre, por ejemplo, el agua dura del feudo del sake Nishinomiya y de la aldea del sake Nada en la prefectura de Hyogo, y el agua blanda de Fushimi en la prefectura de Kioto. En Japón, el sake se elabora allá donde haya agua de gran calidad. El tiempo de fermentación en preciosos barriles de sake es la última etapa, que da a cada sake su carácter único.

El sake se sirve atemperado, y son el cocinero y el anfitrión quienes deciden qué sake a qué temperatura acompaña a qué plato. De todos modos, el sake realmente caliente es muy poco habitual, más bien una excepción, y suele tratarse de *futsushu*, un sake de baja calidad a partir de salvado de arroz y con todo tipo de aditivos. Por lo general, el sake de buena calidad se sirve ligeramente enfriado (10-15 °C) o a temperatura ambiente. Importante: siempre hay que servir el sake hasta el borde, ya sea en la típica botella abombada o en los cubiletes tradicionales de madera o esmalte; debe rebosar en señal de abundancia y generosidad.

VINO

El vino blanco es especialmente apropiado para acompañar la cocina japonesa, en especial los vinos afrutados y abocados de acidez moderada. Por ejemplo, un **pinot blanc**, un **silvaner**, un **semisco** o un **blanc de noir** ganarán incluso en carácter si se combinan con soja, dashi y umami.

Con el sushi también quedan bien los vinos **gewürztraminer** secos, los **sauvignon blanc** y los **riesling** con un elegante dulzor residual y sin embargo de una acidez refrescante. También son una buena elección los vinos **scheurebe** (dulzones) con notas de mango, mandarina, limón y grosellas negras. Los vinos dulces o con toques dulces (tipo moscatel, malvasía...) se llevan bien con las salsas de soja intensas y el picante del wasabi o de la cayena. Recuerda servir estos vinos blancos bien fríos, es decir, a temperaturas entre los 6 y los 8 °C. Ten en cuenta la temperatura de tu frigorífico. En principio, es mejor servirlos un poco demasiado fríos que demasiado calientes, porque en la copa el vino enseguida aumenta de temperatura.

El caso de los vinos tintos es un poco más complicado. Para los platos de parrilla japoneses, con sus pronunciados aromas tostados, son apropiados los **borgoñas ligeros** o un **beaujolais** fresco.

Estos tintos ligeros tampoco deben servirse demasiado calientes, una temperatura en torno a los 14-16 °C es perfecta.

JEREZ

El jerez es un acompañamiento perfecto para la comida japonesa. Estos vinos sedosos y elegantes, desde el más fresco hasta el de dulzor profundo, seducen por la complejidad de sus aromas, cuyo secreto reside en el afinado y la maduración. La escala comienza con el **fino/manzanilla**, un jerez ligero y seco que se sirve entre los 6-8 °C y cuyo contenido en sales minerales favorece la combinación con el sushi, el sashimi y el marisco. El elegante y aromático **amontillado** se sirve a 12-14 °C y sus notas herbáceas lo hacen especialmente adecuado para los platos de verduras, aunque también se recomienda para las sopas de miso y ramen. El aromatizado **oloroso** de color ámbar (servir a 12-14 °C de temperatura), tiene unas notas de nuez, cuero y caramelo que van muy bien con las recetas a la parrilla. Por último, las **cremas de jerez** y los vinos del estilo **pedro ximénez** (servir a 10-12 °C de temperatura) son vinos redondos y complejos con cálidos aromas de frutos secos que a menudo presentan notas de naranja y chocolate negro. Se recomiendan para acompañar postres y combinan especialmente bien con las elaboraciones de té matcha y chocolate.

CERVEZA

Los distintos estilos de cerveza aportan muchos sabores y aromas, un acompañamiento ideal para la cocina japonesa. La cerveza puede ser dulce, salada o marcadamente amarga, puede tener un sabor carnoso (umami), o resultar cremosa al paladar. Se trata de un mundo complejo, y el auge de la cerveza artesana ha traído consigo una diversidad que dificulta aún más la elección. Lo bueno es que para saber hay que probar.

Estos conceptos básicos te ayudarán: la **cerveza de trigo** va bien con el sushi, el sashimi y los moluscos, por su textura sedosa, burbuja fina, frecuentes notas afrutadas y suave amargor. La cerveza de tipo ***pilsen*** es adecuada para acompañar ensaladas y recetas de verduras, y la de tipo ***kölsch***, para verduras encurtidas y fermentadas. Las cervezas **lámbicas belgas**, frescas y normalmente muy secas, van bien con el marisco, los moluscos, el pescado grasoso, el salmón teriyaki y los fritos como el karaage o la tempura. Las ***pale ale*** son un auténtico comodín, porque acompañan sorprendentemente bien el sushi, pero también los platos de parrilla, la carne de cerdo y todo tipo de frituras. Sucede lo mismo con muchas ***indian pale ale*** (IPA), que también se llevan bien con el picante, la pasta miso y la salsa de soja gracias a su sabor a malta. Ocurre algo parecido con las **cervezas negras**, las **negras de trigo** y las ***bock***, que también pueden combinarse con verduras encurtidas, ramen de miso y recetas picantes. El sabor agridulce, intenso y oscuro de las **imperial *stout*** las convierte en la pareja perfecta de la carne a la parrilla y del chocolate.

(VA): Variante

Bibliografía

No todos los numerosos libros y recetarios que consulté para este libro resultaron ser de utilidad. Los que enumero a continuación son muy ilustrativos y me fueron de gran ayuda. ¡Gracias!

Härtig, Malte:

Einfachheit. Eine kulturphilosophische Untersuchung der japanischen Kaiseki-Küche,
Königshausen & Neumann, 2016.

Müller, Sylvan:

Japan,
AT Verlag, 2010.

Ono, Tadashi y Harris Salat:

Japanese Soul Cooking. Ramen, Tonkatsu, Tempura and More from the Streets and Kitchens of Tokyo and Beyond,
Ten Speed Press, 2013.

Ono, Tadashi y Harris Salat:

The Japanese Grill. From Classic Yakitori to Steak, Seafood and Vegetables,
Ten Speed Press, 2011.

Tsuji, Shizuo:

Japanese Cooking. A simple Art,
Kodansha (Edición conmemorativa), 2011.

Ueno-Müller, Yoshiko:

Sake. Elixier der japanischen Seele,
Editorial Gebrüder Kornmayer, 2013.

Werlich, Uta, Inés de Castro y Toko Shimomura:

Oishii! Essen in Japan,
Linden-Museum Stuttgart, Arnoldsche Art Publishers, 2016.

Yoshino, Masuo:

Sushi. Natürlicher Genuß in japanischer Tradition,
FP Edition, 1987.

STEVAN PAUL

vive en Hamburgo. Cocinero de formación, escribe y crea recetas para distintas editoriales y redacciones, y ya ha publicado numerosos libros de cocina. También trabaja como periodista freelance escribiendo artículos culinarios, columnas de opinión y reportajes de viajes para revistas y periódicos. Desde 2008 administra la página *www.nutriculinary.com*, uno de los blogs culinarios más leídos en el ámbito de habla alemana.
http://www.nutriculinary.com/
www.stevanpaul.de
http://www.stevanpaul.de/

ANDREA THODE

nació en 1972 en el norte de Italia pero ya de niño se trasladó a Hamburgo. Tras estudiar fotografía, ejerció diversas profesiones antes de dedicarse definitivamente a ilustrar reportajes de temática culinaria para la revista *Effilee*. Desde 2012 se dedica en cuerpo y alma a la fotografía freelance para diversas redacciones y agencias publicitarias, sobre todo en torno a la gastronomía.
www.andreathode.de
http://www.andreathode.de/

MEIKE GRAF

se formó como decoradora y trabajó como estilista freelance de interiorismo. Su pasión por la buena comida y por la cocina la llevó hasta la fotografía culinaria, y ahora combina colores, materiales y accesorios con creatividad para representar la comida en su aspecto ideal. Lleva más de 20 años trabajando como estilista para distintas agencias publicitarias, editoriales culinarias y revistas de renombre en los sectores de la gastronomía y el interiorismo.
www.meikegraf.de
http://www.meikegraf.de/

GESA SANDER

estudió diseño y comunicación y trabaja como ilustradora y diseñadora gráfica freelance en Hamburgo. Trabaja para revistas, editoriales y agencias de publicidad de renombre y sus diseños adornan vajillas, juegos de mesa o ropa de cama. Durante los últimos años ha descubierto su amor por los libros de cocina y trabaja en su diseño con gran pasión.
www.gesasander.de
http://www.gesasander.de/

¡Gracias!

Al *dream team* del libro de cocina japonesa: Andrea Thode (fotógrafo), Meike Graf (estilista) y Gesa Sander (diseñadora); ¡habéis conseguido que nuestro libro brille!

A los lectores expertos en Japón: Malte Härtig, Nicole Klauß y Roberta Schneider, que han comprobado con precisión y sabiduría que el libro no contuviera demasiados disparates acerca de la cocina japonesa.

Al *team Japan* de la editorial Hölker: en primerísimo lugar, a Dagmar Becker-Göthel, que creyó en este libro antes que yo. A Sophie Schwaiger por su paciencia y meticulosidad a la hora de coordinar y editar el libro.

Y no por último menos importante: a mi mujer Cathrin, que una vez más me ha apoyado de forma incondicional a lo largo de todo el proceso. A Vijay Sapre, que me secuestró y me llevó a Japón. A los profesores y maestros japoneses, por su sabiduría e inspiración: Tetsuya Saotome, Nagano-san y Zaiyu Hasegawa.

El maestro Nagano-san nos dejó en septiembre de 2015, sin duda demasiado pronto. Una gran pérdida, también para el mundo gastronómico. Para mí fue un honor y un placer tener la oportunidad de conocer a este maestro del sushi, hospitalario, alegre y perfeccionista.

Primera edición: octubre de 2018
Título original: *Meine japanische Küche. Rezepte für jeden Tag*

Printed in Spain – Impreso en España

Recetas, textos y estilismo culinario: Stevan Paul
Fotografía: Andrea Thode
Estilismo: Meike Graf
Diseño gráfico: Gesa Sander
Edición: Sophie Schwaiger

ISBN: 978-84-17338-10-7
Depósito legal: B-16628-2018

Maquetación: gama, sl
Impreso en Goméz Aparicio, S.A.
Casarrubuelos, Madrid

DO 38107

Penguin Random House Grupo Editorial